中国史话

近代精神文化系列

# 政治思想史话

*A Brief History of Political Thoughts in China*

朱志敏 / 著

社会科学文献出版社
SOCIAL SCIENCES ACADEMIC PRESS (CHINA)

**图书在版编目（CIP）数据**

政治思想史话/朱志敏著. —北京：社会科学文献出版社，2011.8
（中国史话）
ISBN 978-7-5097-2049-3

Ⅰ.①政… Ⅱ.①朱… Ⅲ.①政治思想史-中国
Ⅳ.①D092

中国版本图书馆 CIP 数据核字（2011）第 111374 号

**“十二五”国家重点出版规划项目**

**中国史话·近代精神文化系列**

**政治思想史话**

著　　者 / 朱志敏

出 版 人 / 谢寿光
总 编 辑 / 邹东涛
出 版 者 / 社会科学文献出版社
地　　址 / 北京市西城区北三环中路甲 29 号院 3 号楼华龙大厦
邮政编码 / 100029

责任部门 / 人文科学图书事业部（010）59367215
电子信箱 / renwen@ssap.cn
责任编辑 / 陈桂筠
责任校对 / 黄　丹
责任印制 / 岳　阳
总 经 销 / 社会科学文献出版社发行部
（010）59367081　59367089
读者服务 / 读者服务中心（010）59367028

印　　装 / 北京画中画印刷有限公司
开　　本 / 889mm×1194mm　1/32　印张 / 5.625
版　　次 / 2011 年 8 月第 1 版　　字数 / 103 千字
印　　次 / 2011 年 8 月第 1 次印刷
书　　号 / ISBN 978-7-5097-2049-3
定　　价 / 15.00 元

# 总　序

中国是一个有着悠久文化历史的古老国度，从传说中的三皇五帝到中华人民共和国的建立，生活在这片土地上的人们从来都没有停止过探寻、创造的脚步。长沙马王堆出土的轻若烟雾、薄如蝉翼的素纱衣向世人昭示着古人在丝绸纺织、制作方面所达到的高度；敦煌莫高窟近五百个洞窟中的两千多尊彩塑雕像和大量的彩绘壁画又向世人显示了古人在雕塑和绘画方面所取得的成绩；还有青铜器、唐三彩、园林建筑、宫殿建筑，以及书法、诗歌、茶道、中医等物质与非物质文化遗产，它们无不向世人展示了中华五千年文化的灿烂与辉煌，展示了中国这一古老国度的魅力与绚烂。这是一份宝贵的遗产，值得我们每一位炎黄子孙珍视。

历史不会永远眷顾任何一个民族或一个国家，当世界进入近代之时，曾经一千多年雄踞世界发展高峰的古老中国，从巅峰跌落。1840 年鸦片战争的炮声打破了清帝国“天朝上国”的迷梦，从此中国沦为被列强宰割的羔羊。一个个不平等条约的签订，不仅使中国大量的白银外流，更使中国的领土一步步被列强侵占，国库亏空，民不聊生。东方古国曾经拥有的辉煌，也随着西方列强坚船利炮的轰击而烟消云散，中国一步步堕入了半殖民地的深渊。不甘屈服的中国人民也由此开始了救国救民、富国图强的抗争之路。从洋务运动到维新变法，从太平天国到辛亥革命，从五四运动到中国共产党领导的新民主主义革命，中国人民屡败屡战，终于认识到了“只有社会主义才能救中国，只有社会主义才能发展中国”这一道理。中国共产党领导中国人民推倒三座大山，建立了新中国，从此饱受屈辱与蹂躏的中国人民站起来了。古老的中国焕发出新的生机与活力，摆脱了任人宰割与欺侮的历史，屹立于世界民族之林。每一位中华儿女应当了解中华民族数千年的文明史，也应当牢记鸦片战争以来一百多年民族屈辱的历史。

当我们步入全球化大潮的 21 世纪，信息技术革命迅猛发展，地区之间的交流壁垒被互联网之类的新兴交流工具所打破，世界的多元性展示在世人面前。世界上任何一个区域都不可避免地存在着两种以上文化的交汇与碰撞，但不可否认的是，近些年来，随着市场经济的大潮，西方文化扑面而来，有些人唯西方为时尚，把民族的传统丢在一边。大批年轻人甚至比西方人还热衷于圣诞节、情人节与洋快餐，对我国各民族的重大节日以及中国历史的基本知识却茫然无知，这是中华民族实现复兴大业中的重大忧患。

中国之所以为中国，中华民族之所以历数千年而不分离，根基就在于五千年来一脉相传的中华文明。如果丢弃了千百年来一脉相承的文化，任凭外来文化随意浸染，很难设想13亿中国人到哪里去寻找民族向心力和凝聚力。在推进社会主义现代化、实现民族复兴的伟大事业中，大力弘扬优秀的中华民族文化和民族精神，弘扬中华文化的爱国主义传统和民族自尊意识，在建设中国特色社会主义的进程中，构建具有中国特色的文化价值体系，光大中华民族的优秀传统文化是一件任重而道远的事业。

当前，我国进入了经济体制深刻变革、社会结构深刻变动、利益格局深刻调整、思想观念深刻变化的新的历史时期。面对新的历史任务和来自各方的新挑战，全党和全国人民都需要学习和把握社会主义核心价值体系，进一步形成全社会共同的理想信念和道德规范，打牢全党全国各族人民团结奋斗的思想道德基础，形成全民族奋发向上的精神力量，这是我们建设社会主义和谐社会的思想保证。中国社会科学院作为国家社会科学研究的机构，有责任为此作出贡献。我们在编写出版《中华文明史话》与《百年中国史话》的基础上，组织院内外各研究领域的专家，融合近年来的最新研究，编辑出版大型历史知识系列丛书——《中国史话》，其目的就在于为广大人民群众尤其是青少年提供一套较为完整、准确地介绍中国历史和传统文化的普及类系列丛书，从而使生活在信息时代的人们尤其是青少年能够了解自己祖先的历史，在东西南北文化的交流中由知己到知彼，善于取人之长补己之短，在中国与世界各国愈来愈深的文化交融中，保持自己的本色与特色，将中华民族自强不息、厚德载物的精神永远发扬下去。

《中国史话》系列丛书首批计200种，每种10万字左右，主要从政治、经济、文化、军事、哲学、艺术、科技、饮食、服饰、交通、建筑等各个方面介绍了从古至今数千年来中华文明发展和变迁的历史。这些历史不仅展现了中华五千年文化的辉煌，展现了先民的智慧与创造精神，而且展现了中国人民的不屈与抗争精神。我们衷心地希望这套普及历史知识的丛书对广大人民群众进一步了解中华民族的优秀文化传统，增强民族自尊心和自豪感发挥应有的作用，鼓舞广大人民群众特别是新一代的劳动者和建设者在建设中国特色社会主义的道路上不断阔步前进，为我们祖国美好的未来贡献更大的力量。

陈奎元

2011年4月

⊙朱志敏

## 作者小传

朱志敏，1953年生，北京师范大学政治学与国际关系学院教授。主要研究中共党史、中国近现代思想文化史、马克思主义中国化和中国文化。出版有《五四民主观念研究》、《李大钊传》、《中国共产党与20世纪中国文化》、《马克思主义中国化的理论与实践》等著作；发表《论五四时期的平民主义思潮》、《五四时代知识分子的平民意识与共产主义运动兴起》、《毛泽东与20世纪中国文化》等论文百余篇。目前研究兴趣在中西文化与当代中国文化建设。

# 目 录

# 一　末世之新声

紫禁城，坐落在北京市中心。昔日这里高墙环绕，金戈卫护。城内太和殿中央托起一尊金銮宝座，那是古代中国国家权力的象征。明清两朝25位皇帝先后坐在这宝座上发号施令，役使群臣，统治全国百姓。这就是中国古代的政治。这种皇权政治扎根于以封建土地所有制为基础的农业生产方式，适应农业社会人们生活的需要，因此，自秦始皇以迄近代两千多年，朝代更迭，京都屡迁，而未发生根本性改变。其间虽不乏李贽、黄宗羲、唐甄等为代表的"异端"学说，但中国政治思想的主流是如何使这种皇权统治更加巩固、完备，更具效能。

到了近代，西方列强的坚船利炮叩开国门。一方面，军事上连连失败造成愈益深重的民族危机，惊醒了国人天朝大国的梦幻，一批批开明官僚、进步人士"睁眼看世界"，逐步透过西方军事力量强大的表面，认识到其政治制度的先进；比较优劣，产生了对中国传统皇权专制统治的怀疑。另一方面，引进西方现代生产方式，孕育了现代资产阶级和无产阶级，出现了新阶级的政治要求。这两方面因素构成中国近现代一百多年来政治思想发展的社会根源。

如果说中国古代政治思想只是围绕如何巩固、加强皇权统治而不断完善其政治哲学、变换其统治方式、调整其统治政策的话，那么，近现代中国政治思想的主要部分则是以思考政体、国体的变更为其内容。针对此内容，各阶级、派别、政党、人物提出了多种不同主张、方案，形成一波又一波政治思潮。这些思潮此消彼长，构成了从更法去弊到维新革命，从追求共和民主到建立人民民主国家的过程。这是不同阶级、政派以学理为旗帜，以实力为依托进行斗争的过程；是进步战胜保守、反动，新兴阶级战胜守旧阶级，革命代替改良，理性代替空想的过程；是促进中国政治从传统走向现代的过程。

## 1 更法呼唤

1821 年道光皇帝登基即位之时，从他的高祖康熙到祖父乾隆时代的太平盛世已经一去不复返了。

同历代盛世之后即来的危机一样，造成道光朝危机的社会原因也是土地兼并加剧、吏治腐败、阶级矛盾加深和人民起义的不断爆发。与以往不同的是，在道光时代，英国殖民主义者借助印度殖民地开始向中国大量倾销鸦片，造成国内白银大量外流，银价上涨，财政危机加重，社会矛盾进一步加深。由于地方官僚腐化堕落，鸦片屡禁不止，终于酿成战争。道光帝盲目虚骄、制置乖方，大臣督抚多颟顸无能，致使战败，被迫签订了中国与西方侵略者之间第一个不平等条约——《南京条约》。从此，不仅大清王朝加快了走向衰落的过程，而且，中华民族被拖进延续百余年的屈辱苦难深渊。

就在大清帝国内忧外患、风雨飘摇之际，一部分进步士人、官僚率先喊出更法去弊的口号。这些人中最为著名的是龚自珍、林则徐、魏源。

这三个人，林则徐最年长，生于1785年，龚自珍比林小7岁，魏源又比龚自珍小2岁。嘉庆年间，三人先后到北京。林于1811年中进士，入翰林院，龚、魏二人则一边学习、准备科考，一边结友交游。

龚自珍家境较好，祖上数代为官，外祖父段玉裁是清代著名训诂、考据学家，故其青少年时期即博览群书，喜欢旁征博引，与人争论，写得一手好诗文。魏源小时候曾在当教书先生的父亲指导下读书，能诗善画。这二人在京师同拜当时著名今文经学大师刘逢禄为师，学习《公羊春秋》，深受乃师影响，赞成经世致用，即将研读经书和参与社会政治结合起来，阐发经书中“微言大义”，用以指导安邦治国的政治实践。

身居京都，最易感受时代潮流的变化，了解朝廷统治的腐朽内幕。龚、魏二人虽无法脱离知识分子读书、科考、登进的道路，却不媚世俗，屡屡在科考答卷上写下批评现实的文字，因而次次落榜，这更加深了他们对清廷科考弊病的认识和不满。他们要求改革的愿望更加坚决。

龚自珍早在22岁作《明良论》抨击时政，直到

1841年逝世，共写论文七八百篇，包括他38岁参加殿试时所作《对策》和同年所呈《上大学士书》等，其中很多涉及批判朝弊，主张改革的内容。魏源35岁时会试仍不中，于是花钱捐了个叫做“内阁中书舍人候补”的小官，得有机会博览群书；后曾被改革家陶澍收为幕僚，策划改革；又助江苏布政使贺长龄编纂《皇朝经世文编》；受林则徐之托，撰成《海国图志》，并写出《圣武记》，《道光洋艘征抚记》等著作。

龚、魏二人政治思想的主要内容是要求更法改制。

龚自珍尖锐地指出：嘉道以来大清王朝从表面看好像是太平盛世，实际上不论是当官的、为民的，还是读书人，早已产生了生活不安之感。社会上无业游民大增，有的染上鸦片烟瘾，有的铤而走险，有的冻饿而死。从京师到地方，处处可见富变贫，贫变饥的人。各省政局“岌岌乎皆不可以支时日”。那些“政要之官”，要么因循守旧，胆小怕事，只知道见了皇帝磕头长跪；要么不学无术，出了衙门，骑马坐轿耍威风，穿戴绫罗绸缎比阔气，对上司阿谀谄媚，对待百姓却如狼似虎。整个国家沉闷而无生气，黑暗而无光明，如将凋谢的黄花，衰落过于枯枝，又好比日落西山，悲凉的晚风突然刮起。

他认为，世道所以如此，很大程度是由于朝廷实行严厉的专制政策。皇帝为了树立自己的权威，不惜把臣僚当奴才、狗马，以知识分子为仇敌，打击他们的人格，摧残他们的个性，监督其行为，束缚其思想，稍有触逆，轻则入狱，重则斩首示众。这种极端专制造成万马齐喑的局面。他呼吁更法改制，以挽救国家。他的理由是："自古及今，法无不改，势无不积，事例无不变迁，风气无不移易"。他提出的更法措施是"修礼仪、变科考、重臣威"。

"修礼仪"就是修改完善君臣相处之礼。他指出：古代君臣关系，君使臣以礼，臣事君以忠，二者互为因果。皇帝与群臣的关系应如"主""宾"，前者有礼遇后者的必要，后者亦应知道自己的地位，忠于君主，但不以自己的见解为卑，不随便改变自己的操守或丢弃自己的主见；应把自己当做皇帝的老师，自信尽责；对皇帝应有"谏而不从则去"的勇气。他特地把古代一些君臣相见之礼开列出来，写成《撰四等十仪》一文，以供皇帝采择。

"变科考"即是改变八股取仕、论资排辈用人的官吏晋升方法。龚自珍认为，传统的科举制度不能选拔出真正的人才，只会将人引入歧途，以极大精力死记硬背八股文章或固定的理学经典，压抑了自由思想，这是许多读书人做官后平庸无能，只会搜刮百姓的原因之一。按资格取人常使大量年富力强者志不得伸，力不得用，居高位者多已老态龙钟，精力不济，思想保守，遇事顾虑重重，畏缩不前。他主张改八股为试策论，用人不拘一格。他的一首留传后世的诗写道："九州生气恃风雷，万马齐喑究可哀。我劝天公重抖擞，不拘一格降人才。"

"重臣威"意在加强大臣和地方官吏的权力。龚自珍认为，大臣权力不重无以加强责任心，不会有统治威望，就会造成地方不治的状况。他主张皇帝“总其大纲大纪”，其外一概不问，给内外大臣充分的权力，增其俸禄，以减少或防止其腐败。

魏源的变革思想带有浓厚的民族忧患意识。他深深感到由于鸦片输入和战争爆发，中国已面临前所未有的民族危机，所谓“夷烟漫宇内，货币漏海外”。他认为御侮首先要强国。中国贫穷不在于物质缺乏，而在于人才缺乏；中国软弱不在于政令不能行于国外，而在于政令不能行于境内。他亦主张变法，认为“变古愈尽，便民愈甚”，“小变革则小效，大变革则大效”；但实施变法应慎重，要把握时机，从实际出发，对症下药，讲究策略。“君子不轻为变法之议，而惟去法外之弊，弊去而法仍复其初矣”。变法不是变更法的本身，而是去其弊端。弊端一除，法便仍同原来一样行之有效。

魏源注重变革的“法外之弊”主要指对人才的压抑。和龚自珍一样，他亦深深感到当时读书人“穷而在下者”为入仕做官钻研远离现实的训诂考证之学；当了官地位高的热衷书法诗文炫荣邀誉，地位低的则以熟悉案例公事沾沾自喜，可以说是“举天下人才尽出于无用之一途”。他针对人才问题提出两个意见：一是君主应允许臣子提意见，大臣应像唐朝魏徵那样敢于对皇帝提出批评，以这样的方法求得众贤集于朝廷。二是人才标准要落到实处，人才要有济世本领，能处理农、渔、商、兵、工等各项具体事务，而不应以空谈性理仁义为能。

与龚自珍、魏源相比，林则徐仕途畅达，他13岁中秀才，19岁中举人，26岁中进士，历任学政、监察御使、盐运使、按察使等，47岁升任巡抚，52岁晋升总督。官职内事务繁忙以及大人防口的限制，使他不能像龚自珍那样写作大量政论诗文直抒胸臆抨击朝政，也未能像魏源那样深研学问，编撰大部头著作为变法改革提供资讯见解，但他为官清廉正直，做事敢于负责，时人众口皆碑。他的改革意向表现在他为政时期某些奏章建议及具体事务措施上。而他在当时政治思想上的最大贡献在于他任广州钦差大臣时率先提出了解西方，“师敌之长技以制敌”的主张，成为中国“睁眼看世界”之第一人。

林则徐在广州期间，设立译馆，翻译外文资料编成《四洲志》，该书较全面记载了世界的地理状况。在他被革职充军的途中，他将该书交给魏源，嘱魏撰写《海国图志》。1842年，魏源编就《海国图志》，初刊为50卷，1852年扩充到100卷。这本书除大量介绍世界各国历史、地理、经济、政治、宗教、风俗及对外扩张的政策外，还附有“筹海”、“筹夷”、“夷情备采”、“战舰”、“火器”、“器艺货币”等篇章，“中多自述其对外政策”。这部书对于自古以来即认天圆地方，以宇内中国自居的国人了解世界提供了方便，被后人誉为谈海外掌故的开山之作。

魏源在序文中明确提出，该书是为“师夷长技以制夷而作”。因此，书中不仅介绍外国情况，还提出一些具体改革方案，如强调打败外国侵略须先了解外国情况，打算了解外国情况，便应设立专门机关，翻译外国书籍。在军事方面针对敌人具有“船坚炮利”的优势，提出以防守为主的作战原则和振兴武备，学习西方战舰、火器、养兵练兵之法，设立造船厂、火药局，聘请外国技师，编练能使用新式船炮的军队，等等。在外交方面提出以实力争取与外国和平相处，广泛贸易，打破英国垄断，“合诸国以制一国”的方针，等等。

综而观之，龚、林、魏更法改制，学习西方的思想代表了清王朝面临内忧外患、大厦将倾之时，一部分进步官僚、爱国志士的救国思考。他们的主张反映了时代要求，但其改革目的仍为巩固大清皇帝的统治，改革的方法也没有超出古代政治思想的范畴。然而，他们为社会政治思想开了一代新风，引起其后改革思想的发生发展与改革实践的逐步推开。

## 2 中体西用

清廷在鸦片战争中失败，不但阻止鸦片输入的希望化为泡影，而且因订立不平等条约，割让香港，开放“五口”，赔偿战费，增加了人民负担，加剧了社会矛盾，引发轰轰烈烈的太平天国起义。太平天国的领袖们借助西方宗教为精神动力，提出奉天诛妖、救世安民的口号和反映农民大同理想的《天朝田亩制度》，以及试图引入和发展资本主义政治与文化的《资政新篇》。尽管它们仍旧表达传统社会农民的心理要求，因而实际的政治制度仍是皇朝形式，并且被清廷和西方侵略者联合绞杀，但作为一场革命，它有力打击了清王朝统治，引起清廷内部统治结构的一些变化，并进一步加深了统治者的危机意识。正是在清廷借师助剿的过程中，产生了另一主张改革的派别——洋务派。

1861年咸丰皇帝病逝，不久发生北京政变，初露头角的慈禧太后在年轻开明的皇亲奕䜣帮助下，实现了“垂帘听政”。奕䜣是清宣宗道光皇帝的第六个儿子，小时候聪颖过人，很得皇帝宠爱。道光曾打算让他继承皇位，后来又特地嘱咐其兄奕詝（即后来的咸丰皇帝）要厚待奕䜣。奕詝即位后，封奕䜣为恭亲王，后又委其任总理各国事务衙门大臣。慈禧、慈安两宫垂帘听政之初，被任命为议政王的奕䜣成为权倾当朝的人物。他为官“颇引私亲，纳贿赂”，却也“识大体、重公论”。据说他读过魏源的《海国图志》并能背诵其中内容。他和军机大臣文祥、大学士桂良等成为朝廷中洋务派的代表人物，在地方督抚一层则有曾国藩、左宗棠和备受奕䜣信任的李鸿章，以及后来的张之洞等遥相呼应。

洋务在当时称“夷务”。洋务派就是主张与外国人妥协，遵守条约，学习外国先进事物，加强往来或办理中外交涉“兴办企业”的人。这些人多是经世致用思想的赞同者和实践者，在内政方面主张改革用人办法，在对外态度上主张师夷长技。从这几点来看，他们明显受到了龚、林、魏的影响。但洋务派面临的矛盾是国内国外双重性质的。经过一段接触，他们已经对外国人有了一定了解。在他们看来，外敌环逼是肘腋、肢体之患，国内农民起义才是心腹之患。他们倡办洋务虽有对外对内两个方面的目的，但对内是主要的。为此，他们不惜勾结外国侵略者，用洋人洋枪屠杀同胞，这是他们在历史上留下恶名的主要原因。洋务派的政治目标可以概括为“求强”、“求富”，其纲领或思想核心则是“中体西用”。

自强，被洋务派视为“治国之道”。他们认为：自强之术，在于练兵；练兵之要，则在制器；归根到底，自强即在于制造新式兵器。这是洋务运动初期集中力量创办军工企业的指导思想。求富最初来源于求强的需要，因为制器、练兵需要大量资金和铁、煤炭等原材料，如李鸿章所说：“古今国势必先富而后能强，尤必富在民生，而国本乃益可固。”因此，又可以说求富是求强思想的发展和延伸。洋务运动中期创办的机器制造局、轮船招商局、电报局及铁路、煤矿等企业即以此为指导思想。无论求强求富，都须借助外国的先进方法、手段，这便产生了如何处理中国传统法则与外国文明之间关系的问题。当时有一批顽固派，以祖宗成法不可变、奇技淫巧不可学为由，反对学习外国。实际掌握皇权的慈禧则利用顽固派与洋务派的矛盾巩固自己的地位。在这种情况下，无论是从洋务派本身的立场，还是从宫廷斗争的形势看，洋务派都不可能提出全面向西方学习的主张。“中体西用”的思想原则就是在这一背景下提出来的。

1860 年洋务思想刚刚兴起时，改革思想家冯桂芬就在《校邠庐抗议》一书中提出“以中国之伦常名教为原本，辅以诸国富强之术”的自强原则，这是中体西用思想的最初表述方式。所谓中国的伦常名教是指维护传统皇权政治制度的儒家思想原则和伦理道德规范，这是根本，不能更动的。所谓诸国富强之术，是指西方国家的先进科学技术，即坚船利炮、声光电化等等，这是器物之“用”。中体西用就是以儒家传统道德为基本准则，吸收西方科学技术。尽管时人对这一思想表达不完全一致，理解也不完全相同，其基本含义大抵如此。

冯桂芬曾任翰林院编修，又曾充当李鸿章的幕僚，与曾国藩亦有联系，但他本人仕途不顺，一生大部分时间讲学著书，他的改革思想远比洋务派领导者们激进。他在自己的著作中提出，西方国家在使用人才，发掘物产，君民相通、平等，名实相符等方面都比中国先进。他认为：法如果不善，即使是古代先贤提出的，也应排斥；如果是良法，虽是外国人提倡的，也应当学习。他还提出“公黜陟”、“复乡职”、“复陈诗”等带有一定民主意识的主张。

“公黜陟”意为以百姓的意见评论官员优劣；将已有的“公推”和“保举”提拔官吏的权力下移，每年在一定范围内用推选方式举出某些级别一定数量的预备官员，作为提拔正官的优先候补人员。“复乡职”意为在县以下的基层机构中由村民选举有任期限制的为民办事人员，负责处理民间争讼事件。“复陈诗”意为鼓励向朝廷报告民间流行的反映人民生活及要求的通俗诗歌，以便于朝廷了解民情。冯桂芬认为这些措施可以“通上下之情”，改变君民相隔的状况。

冯桂芬的改革建议受到曾国藩、李鸿章的重视，但曾、李从中接受的只是中体西用的原则，而不是带有激进色彩的措施、办法。

曾国藩，字涤生，1811 年生于湖南一个乡下财主家庭。他自幼苦读诗书，27 岁中进士，其后 10 年 7 次升官，连跃 10 级，成为朝中大员。他又拜大学士穆彰阿和理学大师唐鉴等为师，兼习今古文经学，成为晚清朝廷中兼通理学、洋务的重要人物，被誉为“中兴名臣”第一人，后人则称为镇压太平天国起义的刽子手。

曾国藩 1861 年在安庆设立第一个生产洋枪的机械所。他认为：欲求自强之道，总以修政事、求贤才为急务，以学做炸炮、学造轮舟等为下手功夫。但他更为注重传统儒家统治思想的运用，因此，大力提倡礼治、仁政。

关于礼治，他提出“以礼自治”、“以礼治人”两个方面。前者在于调整统治阶级内部的关系，要求朝中大臣命官加强儒学修养，以忠、诚、义、恕、敬处世，用以维护皇权统治并改善彼此之间的关系；后者为了维护传统的官僚等级制度，阻止人民犯上作乱，要求严格遵守纲常伦理道德。

所谓仁政，曾解释为上者爱下、恕下，即皇帝、官僚应以慈爱之心和己所不欲、勿施于人的态度对待臣下和百姓，以使他们知恩图报、尊君亲上。这些符合传统儒家学说的统治思想，正是对中学之“体”的强调和运用。

李鸿章是洋务运动的中坚人物，他比曾国藩小 12 岁，是曾的学生和幕僚，后经曾的荐举成为淮军的创办人，由江苏巡抚升任两江总督、湖广总督、直隶总督兼北洋通商大臣、武英殿大学士、文华殿大学士。1872 年曾国藩死后，李成为朝廷中左右军政、外交的枢要人物，洋务运动的重要领导人。

与曾国藩的洋务思想偏重强调“中体”不同，李较倾向于“西用”。他从鸦片战争以来国内外矛盾交织发展的形势中看到中国已面临数千年来未有之变局，非变法不足以应付。出身于军事首领、地方大员，又多年经营洋务外交的经历，致使他对国内防御力量的加强及中国与强敌之间的关系给予了极大关注，因而他强调制器、练兵、用人、和外。在制器方面，他开始时提出不仅要制造武器，还应“觅制器之器”，即寻找工作母机；后来又进一步提出借法富强，认为，“强以练兵为先，富以裕商为本”，这一思想使他不仅成为早期洋务运动中最大的军工企业江南制造总局的创办者，而且成为后来出现的第一批大型民用企业轮船招商局、开平矿务局、天津电报总局、上海机器织布局的创办人。

在练兵方面，李鸿章提出改变成法，裁汰冗弱，废弓箭，精火器，化散为整，选用能将等改革意见。在用人方面，他提出“用人最是急务，储才尤为远图”的看法，建议对科举制度稍加变通，“另开洋务进取一格”，在沿海设立洋学局，开设格致（即科学）、舆图（即地理）、火轮、机器、兵法、炮法、化学、电学等新学科，学习成绩优良者，亦可推荐当官，“与正途出身无异”。在对外关系方面，李认为，“洋人所图我者，利也，势也，非直欲夺我土地也”，因此，应采取“和戎”政策，即承认业已签订的不平等条约，在中外力量对比强弱悬殊的情况下，不轻于言战，以忍让求和为原则，力避中外冲突，等等。

比李鸿章小 14 岁的张之洞是洋务运动后期的主要人物。

1898 年在洋务运动已经落后于时代，戊戌维新思潮已汹涌澎湃之时，已取代李鸿章为朝中重臣的张之洞写下《劝学篇》一书，继续宣传洋务派的中体西用主张。这本书分内、外两篇，内篇“务本”，以“正人心”；外篇“务通”，以“开风气”。内篇主要讲“中学”。张从汉朝董仲舒“天不变，道亦不变”和宋代朱熹先天地而存在之“理”的观念出发，认为所谓“道”、“理”即是天命、三纲、君主制度，它们是永恒不变的。中学即儒家学说，是维护此“道”、“理”的原则规范，是维系大清王朝 250 多年生命和中华民族数千年生命的伦纪、圣道、心术。中学为体就是以孔子学说及其维护的君主制度为根本。张之洞分西学为西艺、西政两部分：西艺包括算术、绘图、矿冶、医学、物理、化学等；西政包括学校、地理、财政、武备、律例、通商、工业等。西学为用即是以这些“法制”（指具体制度、律例等）、“器械”、“工艺”作为附属于“根本”的“用”的部分。学者应先精通儒家经书，“以通我中国之学术文章，然后择西学之可以补吾阙者用之”，这便是中学为体、西学为用之意。

应当说，中体西用思想到张之洞这里已经被发展到顶点了。但在近代中国社会政治思潮迅速演变的情况下，理论的丰富与该理论在社会中表现出的进步性往往不相一致。如果说19世纪六七十年代洋务思想对于引进西方科学技术、知识，推动社会变革起到了某种促进作用的话，那么，它在20世纪来临，社会思想已经发生重大变化之时，便更多地起到阻碍进步、阻碍改革的作用了。

洋务派的师夷长技和中体西用思想引发了洋务运动的实践。这些实践虽然并不顺利，并且最终证明，其中借法自强，发展现代军事力量的努力没有收到令人满意的结果，它的政治目标——维护皇权统治的国家秩序——也因朝廷过于腐朽，不能适应现代文明需要而实现变革，终于未能成功，但它毕竟推动了中国近代第一批工矿企业的产生，使中国由传统农业社会向现代工业社会发展方向迈出了第一步。同时，它也使中国人在了解西方国家方面向前跨进了一步，这对中国政治思想的进步是有意义的。

## 3 君民共主

1893年冬的一天，在上海格致书院里，一群学生正蘸墨挥毫，书写答卷。考试题是招商局总办、候补道员郑观应所出："中国设议院宜否论"。阅卷先生除郑观应外，还有书院主持王韬。结果，江苏人许象枢、广东人杨史彬、福建人陈翼为分获前三名。这三人答卷的共同特点是，都认为议院制度是泰西富强之本，中国要富强非设议院不可；都主张中国应实行君民共主制，而不是民主共和制。在当时议院对普通人来说尚不知何物，而知之者亦谈议院色变的情况下，书院竟能出此论题，考生竟能作如此回答，实属不易，体现了早期改良派引进西方议院制，通过教育宣传推广的果敢。

早期改良派又称新学派，是洋务运动后期出现的一个以知识分子和少数中、下层官僚为主体构成的政治派别，其代表人物有王韬、薛福成、马建忠、郑观应、陈炽、何启、胡礼垣等。

这些人先前大多是洋务派的追随者，有的赞成洋务派的主张；有的给洋务派充当幕僚，出谋划策或做文字工作；即使到后来，他们当中有些人的工作关系或思想也很难同洋务派完全公开。之所以称他们为资产阶级改良派，是因他们对洋务派的保守性愈来愈不满意，提出了更为进步的改革主张。这些主张往往反映新生资产阶级发展的需要，但比起后来维新、革命运动中资产阶级更为激进的主张又显得保守、软弱。尽管如此，从阶级关系上看，他们已开始跨出封建地主阶级的藩篱，成为新兴资产阶级的代言人。他们思想中仍具有保守软弱成分，恰好反映了初期中国民族资产阶级本身的特点。

早期改良派有这样一些共同特征：

其一，他们大多是些爱国进步、关心时局的知识分子，大多著书，如王韬著有《弢园文录外编》、《弢园尺牍》，薛福成著有《筹洋刍议》，马建忠有《适可斋纪言纪行》，郑观应有《盛世危言》，陈炽有《庸书》、《续富国策》，何启、胡礼垣有《新政真诠》，等等。

其二，他们大多地位不高，只有薛福成作过湖南按察使（主管一省司法、监察的官）和外交公使，其他人或在朝廷做文书，或办书院，或为买办。

其三，他们中不少人去过国外或到过殖民主义者占据的港澳地区学习或工作，如王韬曾应英国传教士邀请去英国译书，遍游英、法、俄国，又曾在香港办《循环日报》；马建忠曾留学法国；陈炽曾到港澳考察；何启、胡礼垣毕业于香港中央书院，何又到英国留学10年。

这些特点使他们比起当时其他人来，有更为开阔的世界眼光，更了解西方情况，更具大胆的改革设想，更少官场的顾忌。

早期改良派是从批评洋务派“师夷长技”的片面性开始宣传自己主张的。

首先，他们批评洋务派片面追求西方军事技术的做法。马建忠说，欧洲各国“讲富强以护商会为本，求强者以得民心为要……其制造、军旅、水师诸大端，皆其末焉者也”；薛福成说，西方国家所以富强，是因其“全在养民教民上用功”，而“精制造、利军火、广船械”不过是其末端；郑观应、陈炽说：仅学西方军事技术是“未洞见本源”，是“弃其精英而取其糟粕，遗其大体而袭其皮毛”。

其次，他们批评洋务派以求富为求强的辅助，以发展商业为发展军工补充的意向，提出“商战固本”的主张。他们意识到西方侵略者来华的目的在于掠夺中国资源，中外对抗实质上是一场“商战”，中国“习兵战，不如习商战”，兵战有形，商战无形，兵战治标，商战治本，“欲制西人以自强，莫如振兴商务”。这一主张来自他们对商业与商人在西方国家中有较高地位的认识。他们认为在西方国家商是“握四民之纲者”。西方人依靠商人“为创国、造家、开物、成务之命脉”，其所以“迭著神奇之效”，是因为有商“则士可以行其所学而学益精，农可通其所植而植益盛，工可售其所作而作益勤”。为了提高商人地位，他们要求去除洋务企业中官僚监督的掣肘，希望鼓励商民筹设公司，招收民股；由政府设立商部，列中央各部之首，地方亦应设商务局，并由州县工商业者自己组织“毋恃官势，毋杂绅权”的商务公所。他们呼吁破除传统偏见，“朝野上下皆渐化其贱工贵士之心”。

为了保障商业发展，他们要求废除厘金制度。这种厘金制度起自 1853 年由清廷左副都御使雷以诚筹军饷设立的对过境货物抽百分之一税的规定，后为曾国藩、李鸿章等效尤，成为一种通行制度，是清廷财政收入的重要来源。但其加重商人和生产者的负担，阻碍了工商业的发展。

早期改良派所说的“商”有时指商业，更多场合兼指工商业。因此，“商战固本”的思想实际上是要求发展资本主义的工商业，这对促进中国社会近代化是有利的。

再次，他们批评洋务派在对外关系上的忍让妥协态度。他们揭露列强在华掠夺民间资财、贩卖违禁物品、擅自跨越限制界限、肆意诋毁中国人信仰的罪行，指出外国人恃以钳制中国的“万国公法”和新订和约只是保护少数人利益，既不合理，也不合法。他们要求收回海关管理权，取消最惠国待遇、领事裁判权、关税协定等，并寄望于修改条约，删除不利于中国的条款。

早期改良派在政治思想上作出的最有意义的贡献是提出设立议院，实行“君民共主”的建议。前述上海格致书院的考官、阅卷人郑观应、王韬是这一主张的首倡者。

郑观应（1842～1921）字正翔，号陶斋，广东香山（今中山）人。17岁到上海学商，在外国企业中当过买办，也曾在李鸿章创办的洋务企业中做过帮办、总办。他在经商的同时关注时势，究心西学，所著《救时揭要》、《易言》、《盛世危言》等在当时及后来都产生过很广泛的影响。

王韬（1828～1897）字紫铨，号仲弢，江苏吴县人。21岁开始在上海英国传教士办的墨海书馆工作13年，后因化名给太平军写信，遭朝廷通缉，逃往香港，在那里帮助英人译书，后去国外多年，1884年回上海任格致书院掌院。

1880年，郑观应在5年前写成的《易言》一书正式出版。书中《论议政》篇最先介绍了西方国家的议院制度，其中写道：

西方各国在都城普遍设有上、下议政院。上院由国王宗室成员、有高爵位者和高级官员组成，“以其近于君也”。下院由乡绅耆宿、知识分子、商人和品学兼优、德高望重之人组成，“以其迩于民也”。遇国家有事，先由下院讨论，而后详细报告上院，由上院议定后奏闻国主。若两院意见一致，“则国主决其从为”，或两院意见不合，“则或令停止不议，或复议而后定”。

郑观应认为，这种议政方式使西方国家举国之人都可以了解国家政事，“所以通上下之情，期措施之善也”。他还认为这种方法与中国远古夏商周三代法度相符。他希望清廷统治者能上效三代遗风，下仿泰西良法，体察民情，博采众议，以此消除皇帝与臣宰、朝廷与地方、官府与百姓间的隔膜和由于彼此之间不通思想造成的矛盾。

王韬在一篇题为《重农》的文章里区分了西方国家的不同政体形式。他写道：

西方国家有君主、民主、君民共主三种形式。国家有事先在下院讨论，多数人以为可行便实行，以为不可行便放弃，“统领”只“总其大成而已”，这是民主。朝廷有事，召集上、下议院议员共同讨论，君主认为可以实行而议员反对的事不能实行；议员认为可以行而君主认为不可以行的事也不能实行。一定要君主、议员意见相同，而后才能决定其是否实行，这叫做君民共主。

他评论说：君主国必须有尧舜那样的圣贤做君主，国家才能长治久安；民主国则法律制度常引起争论，发生变化，人们的思想难于统一，终究也免不了流弊；"惟君民共治上下相通"，民情可以上达，君主的恩惠也可以下传，是最理想的政治。

郑观应和王韬对议院的介绍和提倡打开了人们了解西方政治制度的窗口。其后不久，薛福成记下了英国的两党制："英国上、下议院，有公保两党"轮流执政，互相牵制。马建忠谈到三权分立："各国吏治异同，或为君主，或为民主，或为君民共主之国，其定法、执法、审法之权，分而任之"，由于权力彼此不相侵越，故其政事"纲举目张，粲然可观"，"人人有自主之权，即人人有自爱之意"。何启从带有"契约"意味的意义上解释了西方议会制度：天下是大家的天下，国事是大家的事；大家的天下应大家共有，大家的事应大家来办，这便是选议员、设议院的根据。他又说：政治是人民的事由君来办的，而不是君的事由民来办的；既然政治是属于民的，则政治的主人亦是民。君主是为保护人民性命财产而设立的，法律是为保护人民生命而定的，政令是为维护人民财产而发的，人民知道这些道理，只是恐怕法令不能实行，于是选出一人为其主，所以民主即是君主，君主即是民主。何启的这些看法很有些混淆君主、民主制度之嫌，但他是把国家政治作为人民公产，把君主作为人民为保护生命财产而选出的法律法令执行人，这无疑是否定了把国家视为一己之私产的封建皇权统治论。

从上述介绍可以看出，早期改良派在中西政治对比中注意到的最明显差异是议院的有无。由此，他们把设议院当成学习西方的重要内容和治国之本。郑观应说，中国“苟欲安内攘外，君国子民，持公德以保太平之局，其必自设立议院始”。何启、胡礼垣说：“人人有权其国必兴……议院者合人人之权，以为兴国之用者也。”他们认为设立议院可以使君臣与民众声气相通，除去上下等级间的隔膜，使“举国之心志如一，百端皆有条不紊”；使“昏暴之君无所施其虐，跋扈之臣无所擅其权，大小官司无所卸其责，草野小民无所积其怨”。这样，皇帝专制、大臣弄权、官僚敷衍、百姓闹事等一切弊端就都可以消除了。这在今天看起来未免过于天真。

其实，正如上海格致书院那几位名列前茅的学生答卷所反映的那样，早期改良派中大多数人的议院主张、民权思想主要是从救国强国愿望出发，而不是像近代西方政治学者从天赋人权原理或从资产阶级参加政权的愿望出发。他们对洋务派“师夷长技”片面思想的批评和求富主张“商战”，也同样体现这样一种心理。因此，他们就不可能彻底从抑制君主权力、剥夺君主权力的角度去理解议会的职能和作用。他们的着眼点在于使君民上下一心，其方法即在使其“相通”。在他们看来，君主专权于上，佞臣乱政于下，机构重叠臃肿，人浮于事，办事无效率，这一切都是民情不能上达，上下不能相通造成的。议院制度正在于通上下君臣官民之情。出于这样的想法，他们提出的议会方案和西方国家的议会并不完全相同。

如：他们的一种方案是将各州县所有书院、寺观归并为议院，在国家地方遇有兴革事宜之时，由官府询请“议院”提出意见，“但陈利害，不取文理”；凡有举荐或刑杀之事，由“议院”审查核实，地方官亲临“议院”，同地方父老详细讨论辩驳。中央一级议院由“三公”领导，“中设议员三十六人”，每部六人，不分品级，由任官公举练达公正者担任，“国有大事，议定始行”。

另有一种方案是县、府、省三级议会分别由平民在秀才，秀才在举人，举人在进士中选举产生，每级60名，规定任期。遇有兴革之事，由行政官和议员共同商议，意见不一致时，视议员中多数人意见定取舍。各省议员每年一次会于京都，所议之事上奏天子。

还有一种方案是：自王公至各衙门堂官以下各员均隶属于下议院，归都察院领导，“每有大利之将兴，大害之当替，大制度之沿革”，先请示皇帝，得批准后，“殚思竭虑”以拟方案，再定期分集内阁及都察院，“互陈所见”，“由宰相核其同异之多寡，上之天子，请如所议行”。

显然，这类议会是在基本上保存原有体制的情况下增设的一种议政机关。它远没有西方国家议会立法、监督、弹劾等权力。这是同君民共主理想相适应的议会方案，也是在辛亥革命前资产阶级改良派所提出的政治改革的最高要求。

# 二　改良与革命

19 世纪 90 年代是中国近代以来社会矛盾发展到第一个高峰的时期。经过鸦片战争后半个多世纪的蚕食进攻，欧洲列强加上东方的日本、北方的俄国、后起的美国，都已在中国占有或正准备夺取自己的势力范围。随着外国军事政治力量的侵入，外国的经济和思想文化的渗透也已相当深入。后者一方面在华形成了特殊势力，另一方面也促进了中国的生产方式、文化知识、思想方式向现代化方向发展。同时，由于民族危机加剧，爱国知识分子富国强兵、抗敌御侮的愿望也愈加迫切了。

1894 年甲午战争中中国的失败，不仅使洋务派经营了 30 多年的军事力量毁于一旦，更惊醒了朝野士人的天朝大国梦。《马关条约》签订前夕 1300 余赴京参加科考的举人联名上书，很有代表性地反映了当时国内知识分子的心态。就在这种亡国灭种在即的危机意识支配下，一场轰轰烈烈的政治改革运动拉开了帷幕。从 1895 年到 1898 年戊戌变法正式实行的 4 年里，在北京、上海、天津、湖南、广东等地的维新变法呼声日益高涨。掀起这场运动的是以康有为、梁启超、谭嗣同为代表的新一代资产阶级改良派。

## 1 维新变法

光绪十年（1884）初夏的一个夜晚，在广东省广州府南海县江浦司银塘乡的一个农家小楼里，一个瘦削的青年独坐在书案旁。书案上烛光映照下堆放着《朱子语类》、《佛经》和其时难得买到的译成中文的外国数学、物理书籍。这位青年伏案苦读许久后抬起头来，闭上双目。在他的脑海里出现了一个斑驳陆离的世界：

显微镜下一个蚂蚁如大象一般高大；一道电光射出，眨眼已到几十万里以外；宇宙里面有众星、太阳、地球，地球上面有山川、大海、陆地，其中生长着无数大大小小的动植物和人类，而动植物和人类的身体又各由不同的分子、原子构成；往历史的来路看去，茫茫无尽头；望未来的去路望去，亦茫茫无尽头……青年问自己：这大千世界是怎么统一到一起的？在这漫长无边的历史中一个仅有几十年生命的人应该做些什么？

这个俯读仰思的青年不是别人，正是20多年后成为赫赫有名维新派领袖的康有为。这时他虽仅有27岁，已经博览经史、佛典和当时能见到的西方书籍。在对上面第一个问题的思考中，他悟出“大小齐同”、“久速齐同”的道理，这成为他“推演”《人类公理》，撰写《大同书》的最初动机。对后一个问题的思考，使他得出人生“无毁无誉，无丧无得，无始无终”，“无所希望，无所逃避”的结论。他于是下了决心：自己来到这个世界上“专为救众生而已，故不居天堂而故入地狱，不投净土而故来浊世，不为帝王而故为士人”，当“日日以救世为心，刻刻以救世为事，舍身命而为之”。这成为他以圣人自居，不肯随俗，勇于变法的思想基础。

康有为的变法思想始自对古文经学的批判。提起古文经学，还有一段必须交代的故事。

两千多年前，在华夏大地出现的第一个以皇帝自称，君临天下的秦始皇，为了巩固其专制统治，听从丞相李斯的建议，“焚书坑儒”。460多名借古讽今，攻击秦皇专制的儒生被活埋，凡民间可见到的一切前朝各国史书、儒家经书一概投入火中烧掉。秦皇的统一大业功垂青史，而其高压专制政策却导致王朝的速亡。汉高祖刘邦接受教训，重新起用儒生。至汉武帝时“罢黜百家，独尊儒术”，在朝廷设立太学，立五经博士。太学传授经书需要教材，因为没有原本可参考，所以就请精通儒学的遗老根据记忆讲授，再用当时已改进了的文字隶书体抄出来。汉武帝末年，有人重修山东曲阜孔子家宅，在残破的墙壁中发现了部分用先秦时代篆文书写的经书。这些书连同其他一些收自民间的篆文经书被上缴宫中。到汉哀帝时，担任领校秘书官职的刘歆发现篆文经书的内容与隶文经书不完全一致，于是把前者命名为古文经书，后者命名为今文经书，并且说今文经书为秦火之余，残阙不全，由此引发了延续近两千年的今、古文学之争。

儒学是依据儒家经典解释历史，说明道理的学问。儒家最初的经典有6部：《诗》、《书》、《礼》、《易》、《乐》、《春秋》。今文学家认为这6部经书都是孔子亲定，其中表达了孔子的政治理想。这种认识易导出孔子是托古人之名提改革思想的看法，特别是今文学者尊奉的对《春秋》加以解释的《公羊传》、《穀梁传》，又以阐发《春秋》内容的"微言大义"为特征，予人一种按自己的理解或需要解说经文的方便，因此，今文经学适合于变革时代经世致用的需要。古文学家则认为，六经是孔子"述而不作，信而好古"，对前代已经存在的材料加以整理的产物。他们反对今文经学家随意解释经书的倾向，注重经书文字的训诂、考证。这样，古文经学易于学问上的严整、缜密，而不利于借经书阐发现实需要的道理。因此，历史上当经学兴盛的时代，大凡社会政治需要改革时总是今文经学受到重视，而封建统治者需要维护秩序，控制思想自由，防止异端发生之时，则古文经学盛行。

康有为从小受过儒家思想的熏陶，青年时拜主张经世致用的学者朱次琦为师，后又与推重今文的经学家廖平交游，终而获得集晚清今文经学大成的最后一位今文经学大师称号。他家居近代以来最先开放的广东地区，青年时代到过香港、上海，对外国租界内的整洁、繁华和良好秩序留有深刻印象。他又读过早期改良派的著作和大量西学书籍，逐渐产生强烈的改革国家的愿望。1888 年他到北京参加乡试时第一次给皇帝写了一封信，提出“变成法，通下情，慎左右”的建议。此后 10 年间他 7 次上书，言辞一次比一次剀切，内容一次比一次丰富、具体。这 10 年间，他因发动“公车上书”闻名于世，亦因开办“万木草堂”学馆聚集了学生，而他在学生帮助下写成的《新学伪经考》和《孔子改制考》则为变法维新提供了理论基础和历史依据。

《新学伪经考》1891 年写成出版。康有为在这本书中从考证秦始皇焚书说起，对《史记》、《汉书》、《后汉书》等著名典籍中所载经说部分作了考察，得出的结论是：秦皇焚书时并未尽毁六经，汉朝所流行的经书都是孔门原本，并无残缺。所有的古文经都是刘歆伪造的。刘伪造经书时为了掩盖真相，把一切古书都作了不同程度的篡改。刘歆改经是为王莽篡夺汉室改号“新”朝服务的，古文经为“新学伪经”。康有为认为：东汉以来，无数莘莘学子、饱学之士所萦萦求问之学术，20 余朝代尊严与礼乐制度的维系，全都以此“新学伪经”为依据。“诵读尊信，奉持施行”，无人敢于违逆，无人敢于怀疑。于是本来创于孔子的六经被说成是周公所作，孔子被说成是传述古人之道，隐含着孔子改制大义的《春秋》只被视为残缺不全的朝廷文告、记录了。

康有为的上述看法一方面打破了顽固派坚持不能更改而普通人忌讳更改的古法经典原则的神圣性，另一方面把孔子说成是托古改制的先知先圣，为自己提出变法主张树立了一个有力的庇护神。其实他的考证辨伪中有许多主观武断之处，他加给刘歆的罪名也并不符合史实。但是对于冲破旧思想的束缚，运用传统经学直接为现实改革服务来说，康有为此举无疑是有意义的。

在1897年写成的《孔子改制考》中，康有为依照他所解释的孔子经书中的“微言大义”阐述了一套变革逻辑。他把孔子说成是托古改制的“素王”，认为孔子生于乱世，有承王命、救民患、为圣王、为万世作师之志，因而作“三世之法”。但他身为布衣，人微言轻，倡行改制若不托于古事，不会有人相信，因此采取“托先王以行之”的办法创作“六经”。六经说是古代先圣先王的典章制度、轨范，实际上却是孔子自己的理想。“六经中的尧舜、文王，皆孔子民主君主之所寄托”，不一定真有事实。

康有为又把孔子改制的思想用“公羊三世说”加以概括。“公羊三世说”最初出自汉初成书的《公羊春秋》，内容是说孔子写《春秋》时根据事情发生时间的远近有所见事、所闻事、所传闻事的不同记法。后来董仲舒依据这种说法说《春秋》所记鲁国240多年的历史可以分为所见世、所闻世、所传闻世三个阶段。东汉时何休在《春秋公羊解诂》一书中又把这三世与衰乱、升平、太平相比附。

康有为依这些说法，进一步发挥说：“三世之说”正是孔子“非常大义”之所在。孔子把他所生时代说成是乱世，把先秦周文王、武王时代说成是升平之世，把更早的尧舜时代称作太平之世。但他实际的意思是要人们先使国家成为文、武时代那样的升平世，再进而实现尧舜那样的太平世。康有为又把据乱、升平、太平的“三世演进”说和经书《礼记·礼运》篇的“小康”、“大同”说相附会，提出升平世就是小康社会，太平世是为大同社会；说历史就是由据乱世到升平世，又到太平世向前发展的，这三个时代要依次经过，不能超越。后来他又把三世说同君主专制、君主立宪，民主共和相比附，指出当时中国应抛弃君主专制，实行君主立宪制度，以适应历史发展需要，向民主共和和大同世迈进。

康有为的《孔子改制考》也充满了穿凿附会手法，他后来对“三世”的解说也有变化和自相矛盾之处。但这本书的意义在于详细叙说了孔子改制的意旨，明确了三世进化的原则，从而为当时倡导的维新变法提出了有力依据。

按照康有为的说法，人类社会最终要发展到大同之世，那正是孔子的最高理想。他即以两千年后孔子的继承人自居，把阐发此大同理想作为自己的天职。1887 年他先完成了《人类公理》一书，1902 年又写成《大同书》，书中备述人类所受种种之苦，指出去掉这种种之苦以进入大同之路，并描述了大同社会的美好图景。康有为认为此大同理想是人类未来前景，在他的时代还远不到实现的时机，因此，生前将此书秘而不宣，直到他死后第八年的 1935 年才由其弟子将其出版。

康有为的这三部书被其弟子梁启超分别称作“大飓风”、“火山大喷火”和“大地震”。其中前两本在维新运动期间影响很大，《大同书》则只有他的少数弟子读过，对他们的影响也不小。但总起来说，后一本书是他对理想社会和通向理想之路的描述，前两本书还只是他的变法理论基础，而他的具体政治思想则体现在他的七次上皇帝书和他进呈的各国“变政考”及各类奏折中，总起来说有三个要点：

其一，变法要全变。康有为认为，中国积弱已经很久，问题成堆，各种问题不是孤立的，而是相互关联的，因此，要想彻底改善局面不是仅仅变动某些方面可以济事的。所谓变法，不是一般地变事，而是全面的变，即在政治、经济、军事、教育、社会习俗等诸多方面都应改变旧法。在百日维新期间，康有为自拟或代大臣所拟的变法举措有几十件，其中包括：改方便务实文体、请派人游学、开局译书、改八股为策论、举办经济特科选拔通才、停弓刀石武试改设兵校、尊孔圣为国教、立教部教会以孔子纪年而废淫祀、奖励工艺创新、请开学校、改书院淫祠为学堂、裁旗兵绿营兵为巡警、设官报、陈商务、办报纸、定报律、君民合治满汉不分、开农学堂地质局、废漕运改筑铁路、裁厘金、设新京、断发易服改元，等等，足见所变的全面。

其二，变法要形成上下一心，举国一致的形势。康有为认为，在满朝文武疲疲沓沓，反对变法之声不绝于耳的情况下，要想变法收到好的效果，必须形成一个自上而下，君臣君民同心合力的形势。因此，他不只一次地上奏，请求皇帝仿效日本明治维新时天皇大誓群臣的做法，正式诏告天下，选择吉日，沐浴更衣，在天坛太庙祭告天祖，诏定国是，正方针，明赏罚，除旧布新，与民更始。希望运用皇帝“乾纲独断”的威严、雷霆万钧之力，消除守旧派的阻碍和一般人犹豫观望的心理，统一群臣意志，振奋举国精神，以期新政措施如流水般顺利而行。

其三，设立新的政权机构。康有为认为，变法应该有一个有效能的机构来具体实施，原有的军机处和吏、户、礼、兵、刑、工六部不能担此重任。他建议皇帝选拔具有革新思想，精通西学的进步人才组成一个类似改革领导委员会的“制度局”。该局抛开军机处和六部，直接向皇帝负责，具体策划改革方案。局下设 12 个“专司”，分别指导各部门新政推行工作。该“制度局”在讨论改革方案时，以“三占从二”的取决于多数原则，议定事项最后由皇帝批准。康有为称这个制度局为“立法院”，有时又称作“国会”。他在维新过程中曾代人拟了一个《请定立宪开国会折》，其中说道：

“东西各国之强，皆以立宪法开国会之故。国会者，君与国民共议一国之政法也。盖自三权鼎立之说出，以国会立法，以法官司法，以政府行政，而人主总之，立定宪法，同受治焉。人主尊为神圣，不受责任，而政府代之，东西各国，皆行此政体，故人君与千百万之国民，合为一体，国安得不强？吾国行专制政体，一君与大臣数人共治其国，国安得不弱?”宪法是“治国之大经，为政之公理”，请求皇帝“上师尧、舜、三代，外采东西强国，立行宪法，大开国会，以庶政与国民共之，行三权鼎立之制”。

从这个奏折可以看出，康有为在思想上已经考虑到在现有条件下，吸收西方民主国家制度的优点，形成某种中国式的立宪制度。然而，新制度的实行无疑会触及原制度下许多达官显贵的利益。软弱无权的光绪皇帝虽然支持康有为变法，他同样不可能实行将会危及爱新觉罗家族统治的根本性改革，即使是他所赞成的新政措施最后也超出了以慈禧为首的强大反改革势力容许的范围。“新政改革”只维持了103天，便以光绪被囚，六君子被杀，康梁亡命海外而告终。

康有为是戊戌变法的总导演，他的变法思想是变法运动的核心指导思想。同时作为一场在社会政治上有相当影响的运动，其骨干人物谭嗣同、梁启超，以及在舆论宣传方面给改革运动以很大支持的严复在对变法问题的思考方面也各有其特色，这里说说谭嗣同。

谭嗣同生于1865年，字复生，号壮飞，湖南浏阳人。他10岁起随湖南著名学者欧阳中鹄读书，对明末清初的进步思想家、经世学者王夫之、黄宗羲十分佩服，从黄的含有民主内容的《明夷待访录》一书中接受了许多反专制思想。他不好科举，喜欢技击剑术，曾以10年工夫游历包括台湾在内的近10个省份。1895年他到北京访康有为，从梁启超那里得知康的变法思想，十分钦佩。1897年他回湖南宣传变法，写成了《仁学》一书。这本书顾名思义，是讲“仁”的学问，求“仁”的学问。怎样求仁？谭嗣同说：

“凡为仁学者，于佛学当通《华严》及心宗、相宗之书，于西书当通《新约》及算学、格致、社会学之书。于中国书当通《易》、《春秋公羊学》、《论语》、《礼记》、《孟子》、《庄子》、《墨子》、《史记》及陶渊明，周茂叔（即宋明理学创始人之一周敦颐），张横渠（即北宋著名经学、哲学家张载）、陆子静（即陆王心学创始人陆九渊）、王阳明、王船山（即王夫之）、黄梨洲（即黄宗羲）之书。”

学仁，要读中国儒家、佛家和西方基督教及自然，社会科学书籍，可见这个“仁”已不只是孔子的“仁者爱人”之仁，孟子的“仁政”之仁，而是在新的历史条件下，贯通各种学说知识，安邦治国，统社会、自然发展之全部的“仁”了。谭说：“仁为天地万物之源”，即是指此。

谭嗣同说：仁以通为第一义。他借用了当时从西方传来的物理学名词“以太”，这是一种被认为是弥漫宇宙，无所不在，作为光、热、电、磁传播媒介的，没有重量，弹性极大的东西。谭用“以太”概念不是为了证明自然科学的道理，而是用它来说人间社会之事。这样，“以太”在他那里已不只是属于自然科学的假设物质，而是一种更具有普通意义的东西，即可以使生物界、人类相联系，相贯通的东西。对于人来说，它是人可以了解，接触万物，把自己与其他人其他物相沟通的“心力”，是使人有生命的“灵魂”。谭认为：仁是根本，行仁在于通，“以太”即心力是通的工具。通有四个意思：“中外通”，即中国和外国相通；“上下通”，即君主与臣僚百姓相通；“男女内外通”，即男女性别之间要沟通；“人我通”，即人与人之间要互相沟通。通的表现是平等，也就是说中国和外国应平等交流，君臣百姓应平等共事，男女平等生活，人与人平等相处。由此来看，谭嗣同的仁和通就是要求实现平等、开放、交流。从这种求平等的“仁”的目标出发，他对君主专制和三纲学说给予了尖锐批判，并且要求冲决网罗，还人以自由。

《仁学》写道：在人类刚出现时，并没有君臣百姓之分。因为百姓不能互相管理，也没有时间做管理之事，便“共举一百姓为君”。这样说来，民是本，君是末。君是为民办事的，臣是帮助君为民办事的，如君臣不能为民办事，可以废掉他。从中国的历史上看，“二千年来之政，秦政也”，两千年来的帝王，皆“独夫民贼”也。这样的暴政君主，人们不仅可以废弃他，而且应该杀掉他。这样做算不上什么“叛逆”，“叛逆”两字本来就是君主造出来吓唬老百姓的。

谭嗣同指出：“三纲”之说是为封建专制君主服务的。君主本来也是“一头二目”，智力与常人一样，为了维护自己的统治，便依三纲之名造出刑律制度，以其制人之身并兼治人之心。“三纲”之威慑人心，“足以破其胆，而杀其灵魂”，这是独夫民贼乐道“三纲”之名的原因。他认为君臣既然同是为民办事之人，二者之间应该是平等的。之所以出现了不平等是因为自秦始皇以后历代帝王为了独掌大权，都采取尊君卑臣和愚民办法，一些没有骨气的“俗儒”则媚权惧上，帮助帝王宣传鼓吹。其实民是国本，大臣报国应是为民，不提为民，却讲忠君，那是本末倒置。至于父子、夫妻关系，也都是平等的。谭嗣同尤其痛斥“饿死事小，失节事大”的理学说教以及缠足、封建婚姻对妇女人格、身体、精神、生命的迫害。

谭嗣同的政治思想不如康有为的系统，但从另外一些角度，加强了维新思想的力度，丰富了其内容。变法期间，他应召入宫，受封四品，参与变法领导工作。一个月后，发生“戊戌政变”，有人劝他逃走，他说：“各国变法，无不从流血而成，今日中国未闻有因变法而流血者，此国之所以不昌也，有之，请自嗣同始。”慨然受缚就死。他的精神和《仁学》中的思想对于维新志士及后来的革命者、启蒙学者都给予了激励和影响。

## 2 早期启蒙

近代以来中国政治思想发展的过程中，西方政治思想的输入无疑产生了极大影响。

早在鸦片战争期间，以林则徐、魏源为代表的一批具有进步眼光的开明官僚士绅即开始认识到了解世界各国民俗、民情、地理、历史及政治思想的重要性。林则徐派人作《四洲志》，魏源受林的委托作《海国图志》，此外，还出现了徐继畬的《瀛环志略》、梁廷枬的《海国四说》、姚莹的《康輶纪行》、夏燮的《中西纪事》等书。这些书大多程度不同地涉及了西方的政治制度。

如关于议会，《瀛环志略》写道：英国设有“公会所”，内分两部，一称“爵房”（即上院），一称乡绅房（下院）。前者由有爵位的贵族和教士组成，后者由百姓推荐的有才识学术者组成。国家有事，国王通知丞相，丞相转告“爵心”，“爵房”决议后转告“乡绅房”，必须得“乡绅房”同意方能实行。民间有兴利除弊之事，先报“乡绅房”审查，再转“爵房”讨论，可行者上报丞相转告国王。大体说，有关刑责、征伐、条例等事由“爵房”主议；课税、筹款等事由“乡绅房”主议。

《海国图志》写道：英王即位须通过“巴厘满”（议会）；国家用兵、和战之事，虽由国王裁夺，但须由“巴厘满”议允；国王派的人办事有误，该人应交“巴厘满”讨论处罚；改例、设官、增减税款等均由国王委托“巴厘满”转有关部门办理；除大臣、刑官授予和罢免权操在国王手中外，官僚办事、劳绩每年在“巴厘满”考核，定其升降。

关于美国的民主制，《瀛环志略》说，其不设王侯名号，不按各国已有之规，国家政治由国人公论，“创古今未有之局”。《海国图志》说：美国全国公举一“大酋”，并不担心世系相继之事，且4年一任，届期另选；国事讨论，听由公众；选拔官吏从下层开始，众人同意者、即取，不同意者，即否；众人说好的，即表彰，众人说不好的，即批评；以 2/3 多数为取决标准，个人服从多数，等等。

鸦片战争以来，另一个介绍西方政治思想的渠道是传教士。1858 年 6 月到 1860 年，在第二次鸦片战争中战败的清廷先后同西方各国签订了《天津条约》和《北京条约》，其中除增开口岸、割让土地、赔偿战费等外，特别增加了自由传教的条款。从此，外国传教士一批批来到中国。这些传教士中有一些人是打着宗教旗号，从事掠夺、刺探军情勾当的。但也有一些人在传教的过程中开办医院、学校、报馆，传播科学文化知识，推动了中西文化交流和中国文化事业的发展。如 1874 年 9 月由《中国教会新报》改名的《万国公报》，在每一期扉页上都印有一段说明："本刊是为推广与泰西各国有关的地理、历史、文明、政治、宗教、科学、艺术、工业及一般进步知识的期刊。"在这个宗旨下，该刊介绍了不少西方政治思想知识。此外，传教士还翻译、编辑、写作了不少西方历史、地理、政治方面的书籍、文章，如《联邦志略》、《大英国志》、《万国通鉴》、《泰西新史揽要》、《万国公法》、《佐治刍言》，等等。其中介绍美国情况的《联邦志略》先于 1836 年以《美理哥合省国志略》之名出版过，是魏源《海国图志》、徐继畬《瀛环志略》的重要参考书之一。传教士介绍的西方政治情况包括西方的政体分类、三权分立制度及"天赋人权"思想等。这些都对中国人政治思想的变化产生过影响。

总起来说，在 19 世纪 90 年代以前西方政治学说的翻译介绍已有不少，但却缺乏系统性、准确性。随着中外接触日益频繁，改革呼声不断增高，中国人系统、准确了解西方学说的需要也愈加迫切，而最早承担并出色完成这项使命的是著名的启蒙思想家严复。

1894年中日甲午海战之时，邓世昌、林永生、刘步蟾等作为中国军舰的“管带”，胸挂望远镜，威风凛凛地指挥作战。他们虽然战败了，但他们的感人形象却永久留在国人心中。在中国这最早一批海军军官里本应还有一位更为杰出的人物，那就是严复。严复(1854～1921)字又陵，又字几道，生于福建省侯官县一个普通医生家庭。幼时读四书五经，12岁考入洋务派兴办的福州船政学堂，1877年作为朝廷所派留学生的一员，和刘步蟾、林永生、方伯谦等一起赴英国海军学校学习。他各门功课成绩优异，但却感到自己的救国心愿无法得到满足，因此，学习之余经常去了解英国的社会政治情况，并尽可能多地阅读有关书籍。回国之后，他没有去当海军军官，而是受到李鸿章的器重，当上了北洋水师学堂的总教习，在甲午海战之时他已升任学堂总办（校长）。

1895年，严复感于国势危迫，接连发表了《论世变之亟》、《原强》、《救亡决论》、《辟韩》等文章，运用所了解的西方政治思想、民主自由观念，批判君主专制制度，引起了很大反响。从19世纪90年代末到20世纪初，他先后翻译了赫胥黎的《天演论》、亚当·斯密的《原富》、斯宾塞的《群学肄言》、约翰·穆勒的《群己权界论》和《名学》、甄克思的《社会通诠》、孟德斯鸠的《法意》、耶芳斯的《名学浅说》。这些书被誉为严译八大名著。这八部著作中译得最早，影响最大，使严复一举成名的是《天演论》。

《天演论》是英国著名生物学家赫胥黎的《进化论与伦理学》一书的一部分，书中主要讨论了达尔文的生物进化论，指出：

宇宙间的一切生物都处在变化的过程当中，只不过在很多情况下，这种变是渐渐发生的、缓缓进行的，不易为人们觉察，但变是普遍的、绝对的。

物的变化原因不在于外界，而在于事物自身，在于物求生存的特性。生存则须竞争，适应生存者存，不适应生存者亡。

物与物争，或存或亡，在于自然的选择。

严复在翻译《天演论》时加进了许多按语，一方面说明原文不清楚的地方，另一方面则在于阐发自己的观点。他认为，生物天演进化的规律也可以适用于人类社会。世界就是一个大的竞争场所，适者生存，弱肉强食。严复的这些语言成为当时及后来爱国志士的口头禅，对于那些致力于改变国家和民族命运的人们起到极大鼓舞作用。

《群己权界论》和《法意》是严译西著中涉及政治思想和自由观念较多的两本。《群己权界论》现译为《论自由》，是英国著名功利主义学派思想家约翰·穆勒的一本政治著作。穆勒生当19世纪中叶，其时西方的民主制度已普遍建立并巩固下来，但他认为，社会政治生活中仍有很多弊病，其中一个重要方面是个人自由与社会政治对个人的限制没有明确的界限。社会政治时常以法律赋予的权力，并借助习俗舆论的压力限制个人的自由。他在书中讨论了思想言论自由，个性与人类幸福之间的关系，社会凌驾于个人之上权威的限度等，提出了著名的保护自由的原则："人类之所以有理有权可以各别地或者集体地对其中任何分子的行动自由进行干涉，惟一的目的只是自我防卫"。"任何人的行为，只有涉及他人的那部分才须对社会负责，在仅只涉及本人的那部分，他的独立性在权利上则是绝对的"。因此，"首先，个人的行动只要不涉及自身以外什么人的利害，个人就不必向社会负责交代。他人若为着自己的好处而认为有必要时，可以对他忠告、指教、劝说以致远而避之。这些就是社会要对他的行为表示不喜欢或非难时所仅能采取的正当步骤。其次，关于对他人利益有害的行动，个人则应当负责交代，并且还应当承受或是社会的或是法律的惩罚。假如社会的意见认为需要用这种或那种惩罚来保护他自己的话"。

穆勒的这些原则对 19 世纪西方自由主义的发展产生过深远影响。严复在译此书时，首先指出了"自由"一词在当时中国人概念中与西方含义的不同。他说中国人所谓自由"常含放诞、恣睢、无忌惮诸劣义"，西方"自由"则为无障碍之义，与奴隶、臣服、约束相反。但他同时指出，这种与约束相反的自由亦是有限制的，即穆勒所说"人得自由，而必以他人之自由为界"。他说这正是中国儒家学说中"恃以平天下"的

“絜矩之道”。其次，他引斯宾塞的话说明，自由与民德进化、政治稳定、国家强盛相关，所谓：进化程度愈高，所得自由愈多。他还指出，穆勒此文所论侧重立宪国家小己国群之分界，但其原理是带有普遍性的，即使是在君主贵族统治的社会，凡应允许小己自由的，都不应受到干涉。他说，在西方最难实现的自由是宗教，在中国则是纲常名教。他又指出：言论自由，“只是平实地说实话，求真理，一不为古人所欺，二不为权势所屈而已”。他的这些话不仅帮助人们了解西方自由思想的内容，而且引导人们认识自由的价值，坚定争自由的决心。

《法意》（今译《论法的精神》）是法国著名启蒙思想家孟德斯鸠写于1748年的政治学论著。该书探讨了不同政体的分类、利弊，政体的形成与历史、地理、民族、民俗、文化之间的关系，政体与国家疆域范围、道德、社会发展、家庭、婚姻、个性发展、国家安全、美术、宗教、哲学等之间的关系；赞扬了民主制度的优越性、正义性，抨击了专制制度的自私性、狭隘性、残酷性；讨论了民主制度中的代议制、三权分立原则，等等。

严复之所以翻译此书，不仅由于该书从学理上较为深刻全面地阐明了政体形式与政治精神之间的关系，更在于他认为孟德斯鸠如同中国古代的老子、司马迁“非纯由思想”上讨论问题，而是“积数千年历史之阅历”，利用古代、近代世界各国的政教民情“通其常然，立之公例”，这便使该书具有深刻理论分析与丰富历史实例结合的特点，使人们在明白道理的同时，“不忘前事而自得后世之师”的收获。

在这部长达几十万字的著作中，严复写下了330多条按语，其中有的解释孟氏原书之意，有的对孟氏的看法提出不同意见，有的则利用其了解的西学知识进一步申论民主政治主张。如他在原书卷一的按语中介绍了西方法律有所谓国际公法、国法与民法的区别及各种法的大致起源、性质，并同中国法典作了比较。在原书卷二按语中对政治的分类作了进一步解释：

“五洲治制，不出二端：君主、民主是已。君主之国权，由一而散于万；民主之国权，由万而归于一。民主有二别，用其平等，则为庶建，真民主也，用其贵贵贤贤，则曰贤政。”同时又特别说明，民主与中国古代的“共和”并不相同。

在原书卷十一按语中，他解释了自由权的重要：要使政治达到“仁”的境地，“必其民自为之”。权力掌握在自己手里的人民是自由民，掌握在别人手里的是被征服之人，“必在我，无在彼，此之谓民权”。在原书卷二十二按语中，他谈到权利与义务的关系：“义务者，与权利相对待而有之词也，故民有可据之权利，而后应尽之义务生焉”，没有权利只有义务的，那义务仅是奴隶的“职分”。

以上这些语言在当时中国人听起来，大多是新鲜的，对于变法、革命时代人们思想的启发影响也是相当大的。

严复虽然积极传播西方进步的民主自由思想，但却没有直接参加维新运动和后来的革命运动。他对社会的迅速变革持有疑虑，这在很大程度上是出于两点考虑：

其一，中国是落后国家，人们的知识、能力、道德水准普遍不高，尚不具备实现民主的条件。他在《法意》卷八按语中指出：民主为“法制之极盛”，“天下至精之制”，但实行起来须有先决条件：“必其力平，必其智平，必其德平”。在民力、民智、民德不平等的情况下，民主很难实现。这一看法是他在戊戌至辛亥革命很长一段时间里不赞成马上实行民主，而把“开民智”、“鼓民力”、“新民德”作为政治改进首要任务的出发点。

其二，当时的中国受外来侵略，亡国在即，他认为和西方国家人民争自由的情况不同，在中国，“小己自由尚非所急”，排除外来势力，“求有立于天地之间”才是中国刻不容缓之图，“故所急者，乃国群自由”。“求国群之自由，非合同国之群策群力不可，欲合群策群力，又非人人爱国，人人与国家皆有一部分之义务不能”。因此，最要紧的是实行地方自治，“设为乡局，使及格之民，推举代表”，团结协作，“尊主隆民”。这样，他的办法便不是推翻皇帝、皇权，实行民主，而是在保留现政府的前提下，使人民觉悟有所提高，为国家富强多作贡献。严复于是在历史上留下了一个政治改革上保守、启蒙宣传上进步的矛盾形象。

与严复同时介绍西方文化思想和政治学说的著名人物是梁启超。梁生于 1873 年，字卓如，号任公，广东新会人。他少年聪颖，人称神童，12 岁中秀才，17 岁中举人，18 岁拜比他大 15 岁的康有为为师时，康还是个秀才。在戊戌维新期间，梁协助康有为大力宣传变法。他思想敏捷，极善文章，为文常常抓住人们正待关注的问题，中心突出，观点新颖鲜明，论辩析理明白透彻，文字清新、明快、生动，且正如他自己所说“笔锋常带感情”而能紧紧吸引读者。他一生著作数千万字，有政论、小说、游记、杂文、诗词、学术研究等多种，涉及政治、历史、法律、思想、文化、社会、教育、出版诸多方面，在戊戌到五四时代的思想界、学术界、舆论界均产生极大影响。他虽积极为维新变法奔走，但在社会革新应以宣传教育即开发民智、民力、民德为先导这一点上与严复的看法十分相似，因此，在变法失败后，他即全力投入思想启蒙工作。1898 年 10 月他因遭朝廷通缉逃到日本，在那里一边阅读西方著作，一边创办《清议报》、《新民丛报》。和严复以翻译西书为主要启蒙手段不同，梁是在广览西说的基础上，针对中国的具体问题，撰写议论或介绍性文章来传播西方思想，或者运用西方思想来讨论中国社会政治问题。仅在 1899 年到 1903 年的三四年中，他所撰写的这类文章就有数十篇。

在这些著论中，梁启超介绍了西方国家政治思想发展史，如在《自由书·干涉与放任》中谈到西方数千年治术发展历史不外干涉和放任“两主义之迭为胜负”的历史。他说：在中世纪时，还没有政治自由一说；到南欧“市府勃兴”时代开始出现独立自治之风；

后来霍布斯、洛克倡民约论，但霍氏仍尊君权，直到卢梭才“掊击干涉主义者，不遗余力，全世界靡然应之，演成十九世纪之局”。近代约翰·弥勒（即严复所译《群己权界论》作者穆勒，现译密尔）、斯宾塞等仍认为干涉主义为进化之敌，而伯伦知理之“国家全权论”已有取代卢梭等人诸说的趋势。简单说，以前认为国家应为人民而牺牲，现在则认为人民依靠国家才能生存。又如《新民说·论自由》一文列举了从1532年西方出现信教自由到1901年“澳洲自治联邦成”370余年间的年表，涉及大小三四十个事件，其中包括“英民弑其王查理士第一，行共和政”、“北美合众国布告独立”、“法国大革命起”，等等，俨然一部世界近代民主斗争史简录。

梁启超还介绍了西方一些著名政治思想家和学术思想家，如《论学术之势力左右世界》一文简介了培根、笛卡儿、孟德斯鸠、卢梭、亚当·斯密、达尔文等人的思想及代表著作。《亚里士多德之政治学说》、《法理学大家孟德鸠之学说》、《政治学大家伯伦知理之学说》则分别介绍了这三位著名政治理论家的思想。

在各类文章中，梁启超谈到许多西方政治思想中的重要观念，例如《少年中国说》介绍了近世国家观念：

“夫国也者，何物也，有土地，有人民，以居于其土地之人民，而治其所居之土地之事，自制法律而自守之；有主权，有服从，人人皆主权者，人人皆服从者。夫如是，斯谓之完全成立之国”。

《论近世国民竞争之大势及中国之前途》说到国民与国家的关系：

“国民者，以国为人民公产之称也。国者积民而成，舍民之外，则无有国。以一国之民，治一国之事，定一国之法，谋一国之利，捍一国之患，其民不可得而侮，其国不可得而亡，是之谓国民。”

《立宪法议》解释了宪法概念：

“宪法者何物也？立万世不易之宪典，而一国之人，无论为君主、为官吏、为人民，皆共守之者也，为国家一切法度之根源。”

《新民说·论自由》阐述了自由的含义：“自由者，奴隶之对待也”，欧美自由历史所争者不出四端：“一曰政治上之自由，二曰宗教上之自由，三曰民族上之自由，四曰生计上之自由。”政治上的自由分为三种：“一曰平民对其贵族而保其自由，二曰国民全体对于政府而保其自由，三曰殖民地对于母国而保其自由。”自由的结果有六项：一是“四民平等”；二是公民获得参政权；三是“属地自治”；四是信仰自愿；五是国家享有自主权；六是工农不受资本家地主奴役。

此外，《论立法权》讨论了立法部的设置及意义，三权分立和立法权所属等问题。《论政府与人民之权限》介绍了卢梭的“民约论”和约翰·穆勒《论自由》中有关政府性质、权限及与人民之关系的观点。

和严复相比较，梁启超对西方思想的介绍多零散性、发挥性，显得肤浅和缺少确切性，但大体上未离原思想学说的基本含义。而其浅显通俗，并与中国人熟悉的事件、问题相联系，更易为人们所理解、接受，传播也就更为广泛。

严复、梁启超等人的启蒙宣传使中国人开始在整体的意义上了解西方政治理论及民主、自由、平等思想。这不仅在促进人民政治觉醒推动政治思想进步方面有重要意义，而且对于中国社会改革和革命运动的发展也产生了很大影响。

## 3 创建民国

1898 年 9 月 21 日凌晨，慈禧太后带着大批随从，自颐和园星夜赶回皇宫，囚禁了光绪皇帝，重新“垂帘听政”，搜捕维新派。康有为、梁启超分别逃往香港、日本，谭嗣同等“六君子”被杀。至此，从 6 月 11 日开始，仅仅持续了 103 天的维新运动夭折了。

维新运动的失败有其复杂深刻的原因，它的结果却导致了改革思想的挫折和顽固守旧思想的抬头。不久发生了义和团运动和八国联军入侵事件。1901 年《辛丑条约》的签订，使大清帝国蒙受了开基以来最大的耻辱：条约规定赔款 4.5 亿两白银，分 39 年还清，本利相加共达 9.8 亿两，相当于清廷年收入的十几倍。这些赔款最终只能转嫁到百姓身上，从而加重了人民负担，使已经尖锐的社会矛盾更趋激化。条约还规定在北京设立使馆区，各国可在区内驻兵，从此在大清京城内出现了国中之国，为侵略者的控制、掠夺提供了方便。在清政府方面，慈禧公然表示：“量中华之物力，结与国之欢心”，“宁赠友邦，不与家奴”，彻底投降了帝国主义。虽然从 1901 年起，清政府迫于形势，再次下诏推行新政，但它的腐朽性、买办性的彻底暴露，已使它逐渐失去了国人的信任。

几乎在新政诏书下达的同时，在日本的中国留学生中间和在国内便陆续出现了带有革命倾向的文章和刊物，并逐渐形成了一些革命团体。革命派的宣传大体集中在三个方面：

**反满的民族主义** 他们认为 20 世纪的世界是民族主义发达的时代，如果不以民族主义倡行中国，中国将难逃亡国的命运。什么是民族主义呢？有篇文章说：“合同种异异种，以建一民族的国家”，这就是民族主义。所谓“合同种异异种”，意思是联合同一种族的人民以建立同一民族的国家。不同的种族有着不同特性，“其意相背，其权消长”，一国之内若有两个民族，不是一族受另一族奴役，就是一族被另一族融化，二者绝不能合立一个国家。这无疑是说，中国的汉族长久以来一直是满族的奴隶。有人更直截了当地指出：“满族人借中国内乱侵入华夏，奴役汉人已 200 多年。鸦片战争以来，外侮不断发生，抵御不断失败，国权丧失，人民罹难，满清政府难逃其责。更兼其因循保守，反对民权，镇压变法，甚至卖国妥协，投靠洋人，不异于亡国祸首”。还有人写道：“为外人之奴隶与为满洲政府之奴隶无别”，抵御外侮，必先驱逐满人，争得民权，必推翻满人统治。出于反满兴汉思想，很多人取“汉种”、“汉驹”、“汉民”、“辕孙”（轩辕黄帝子孙)、“寄生”、“寄零人”等为笔名或别名；有的主张改用黄帝纪年、共和纪年、“汉亡后××年”等代替清皇年号；有的号召剪发辫、易胡服，以与满人区别。这种民族主义观念在现在看来是狭隘的，但在当时它强烈地反映了革命派对满洲贵族统治的不满，有利于唤起人们革命的积极性。

**以民主共和主义为理想**　革命派抛弃了早期改良派和戊戌维新派的“君民共主”、“君主立宪”思想，把实现法国、美国式的民主共和制度作为理想目标。一篇文章说：人间的压迫不外两种，“一曰君主之压制，一曰外权之压制”。法国摆脱君权压制而获自由，美国摆脱外来压迫而获自由，“故凡受君权之压制而不能为法国人之所为者，非国民也。凡受外国之压制而不能为美国人之所为者，非国民也”。有人感叹：“熙熙哉，美利坚之人民也！皞皞哉，法兰西之人民也”！中国人同是圆颅方趾，为什么不能像法美人民那样去争自由幸福呢？有人对于理想的“平民政治”作了描述：

“一国主权平民操之，万般政务舆论决之，政治之主人则属一国之平民，政治之目的则在平民大多数之幸福，政治之策略则取平民之公意。国中有国民无臣民，有主人无奴隶。一国大多数之平民莫不享有公权，法律之外无论何人均不得而利夺之，而人之天赋权能得以保存不失”。

**以革命为必要手段**　这一点邹容《革命军》的表述最有代表性，该书写道：

"扫除千年种种专制政体，脱去数千年种种之奴隶性质，诛绝五百万有奇之满洲种，洗尽二百六十年残惨虐酷之大耻辱"，唯有革命。"我中国今日欲脱满洲人之羁缚，不可不革命。我中国欲独立，不可不革命。我中国欲与世界列强并雄，不可不革命。我中国欲长存于二十世纪新世界上，不可不革命。我中国欲为地球上名国，地球上主人翁，不可不革命"。革命是"天演之公例"、"世界之公理"，"争存争亡过渡时代之要义"。革命是"顺乎天而应乎人"的，是"去腐败而存良善"、"由野蛮而进文明"、"除奴隶而为主人"的必要途径。

这里，邹容以畅快的笔调将革命的性质、原因、目的、意义表达得淋漓尽致。

《革命军》一书经章太炎作序，于 1904 年出版后，陆续印成多种版本，发行 100 余万册，成为当时宣传革命的震天号角。它的作者邹容却被清廷囚禁，于次年病死狱中。这位仅活了 20 岁的"革命军中马前卒"，辛亥革命后被追封为"大将军"，他为革命后中国设计的国名"中华共和国"则成为 7 年和 45 年之后两次更新国名的蓝本。

在革命思潮风起云涌之时，亡命海外的康有为、梁启超等仍旧坚持保皇改良的宣传。他们与革命派各抒己见，针锋相对，终于在 1906 ~ 1907 年展开了一场大论战。革命派一方参加论战的主要人物有孙中山、汪精卫、胡汉民等，改良派一方则以梁启超为主将。双方争论的问题是要不要以暴力革命推翻清王朝？是实行君主立宪还是实行民主共和？要不要改变封建土地所有制度？

改良派认为：革命必招致中国内乱或被列强瓜分。革命派认为：造成内乱、瓜分之局的是满清政府的弊政，只有推翻政府，去其弊政，才能保证国家安全稳定。

改良派反对革命派建立民国的主张，认为从专制到君主立宪再到民主共和是政体进化的规律，不能超越跳跃；民主共和须全体国民具备参政能力，当时民智未开，百姓缺乏自治习惯、公民义务思想和参政议政能力，因此，只能实行君主立宪或开明专制。革命派指出：由专制到共和并无严格的、不能打破的次序，民主共和已是世界大势所趋，中国完全可以后来居上；人民的能力是相对而言的，比起“不辨菽麦”的世袭皇帝和鼠目寸光、庸碌无能的大臣来，国民程度则“优之万万”。况且民智可以在斗争中提高，而放弃革命，像改良派所说的那样，以劝告方式要求清政府实行立宪，无异于“对操刀者摇尾乞怜”。

对于革命派平均地权、土地国有的主张，改良派认为那是“欲夺富人之所有以均诸平民”，是违背自然法则，会阻碍生产力发展和社会进步。革命派则认为，地主垄断土地既不合理，又妨碍工商业发展。平均地权并非夺富人所有分给穷人，而是以合理方法解决土地问题，避免政治革命后再因土地问题发生社会革命。

革命派和改良派争论的这三个问题，实际上正是孙中山在这一时期提出的三民主义所涉及的三个方面。

孙中山，原名帝象，学名文，字德明，号日新，又字逸仙。1897年他在日本时曾化名“中山樵”，“中山”后来便成了人们熟知的名字。

1866年，孙中山出生于广东香山县（今中山）。12岁时他随哥哥去檀香山生活，后又到香港读书，接受了多年的西方教育，并结识了何启、郑观应、王韬等早期改良派人物。1894年他经王韬介绍，到天津给尚任直隶总督兼北洋大臣的李鸿章写了一封信，提出以“人尽其才，地尽其利，物尽其用，货畅其流”作为“治国之大本”的改革主张，但没有得到李的重视。孙中山很快意识到，依靠腐朽的清政府官僚进行改革是徒劳的，遂下决心从事革命。当年11月他在檀香山创立了兴中会，次年即开始组织反抗清廷地方政府的武装起义。

1905年8月，孙中山在日本联合华兴会、光复会等革命团体组成了中国第一个资产阶级政党组织——中国同盟会。孙中山被推为同盟会总理，他所提出的“驱除鞑虏，恢复中华，建立民国，平均地权”被接受为同盟会的纲领。同年10月，同盟会机关报《民报》创刊，孙中山在为该刊写的发刊词中把上述16个字归纳为“民族”、“民权”、“民生”三大主义。

孙中山的三民主义是他一生坚持的救国主张，但在辛亥革命前和20世纪20年代国民革命时期三民主义的内容有所不同。辛亥革命前的民族主义主要是针对驱除满族统治，恢复汉民族国家而言。孙中山指出：满族人“本塞外东胡”，明朝时屡为中国边患，“后乘中国多事”，侵入内地，杀害汉人，夺取政权，迫使汉人为其奴仆。中国本是中国人的中国，中国的政治本应由中国人管理。清政府已是恶贯满盈，革命派的民族主义即是要实行民族革命，推翻满人的政府，光复汉民族国家，而不是民族复仇，灭尽满洲民族。

民权主义在孙中山看来，是“政治革命的根本”。他认为，中国数千年来实行的君主专制政体压迫人民的自由、平等，这种政治必须扫除。民权主义是以平民革命的方式，建立国民政府，“凡为国民皆平等以有参政权，大总统由国民公举，议会以国民公举之议员构成之，制定中华民国宪法，人人共守”。

民生主义是孙中山造就福利社会的方针，他认为民生问题是文明发达、社会矛盾日益突出而产生的。西方社会文明发达的结果，不但没有做到家给人足、享乐幸福，却是一方面财富数千倍增长，另一方面人民的贫乏数千倍加深，而且富者日少，贫者日多，于是产生社会矛盾、对立，产生社会党的“民生主义”学说，从而造成了新的社会革命的危机。他认为这种危机在从事民族民权革命时就应设法避免，其道路便是解决土地问题，用核定地价、增价归公的办法达到平均地权。

在孙中山看来，他的三民主义是民族革命、民权革命并行，政治革命、社会革命共举的“毕其功于一役”的革命。但这三个主义只可以说是革命的主张或目的，在革命的过程中还要分成三个时期。第一时期为“军法”时期，也称“军法之治”，为“军政府监督国民扫除旧污时代”。在这个时期，军队和人民同受制于军法之下，地方行政大权由军政府掌握，一切对敌战争及各项改革均在军政府领导下进行，大抵以3年为限。第二时期为“约法”时期，又称“约法之治”，为军政府授地方自治权于人民，而自总揽国事之时代。在各项改革措施已有成效之后，废除约法，军政府将地方自治权交与该地方人民，由人民选举地方议会议员和行政官，军政府对于人民之权利义务及人民对于军政府之权利义务均规定于约法，大抵以6年为限。第三时期为“宪法”时期，又称“宪法之治”，为军政府解除权柄、宪法确定国家机关分掌国事之时代。此时废除约法，制定宪法，军政府解除兵权、行政权，国民公举大总统，选举议员组成国会，一国之事依宪法实行。这三个时期中，以宪法之治为三民主义目的达成之时代，其时宪法成为全国政治的最高准则，规定一国之政治、行政、社会组织原则及国家基本政策，等等。

为了保证宪法的完整性，避免西方国家出现的弊病，孙中山设计了“五权分立”的宪法。所谓“五权”是在西方国家通常采取的立法、司法、行政三权之外，增加考试、监察二权。孙中山认为，选官委任而无考试有很大弊病，常常造成有真才实学的人受压抑，而能说会道、阿谀谄媚者当官任职。为克服此弊，可以借用中国古代的考试制度，在国家一级专设考试机关，掌握考试大权，任何人不经考试便没有被举拔任官的资格。他又认为，国家行政运行过程中，监督弹劾的事是不可免的。欧美国家，监察权归议会掌握，常常造成议会专制，为免除此弊，应使监察机关独立。

以上三民主义、革命三期、五权宪法构成孙中山民主革命思想中有时空次序的体系。这个体系基本上是借鉴了西方近代民主思想，其主旨是通过革命方式把中国建成法美式的资产阶级民主共和国家。它的民族主义部分带有一定狭隘性，民生主义带有一定空想性，但它无疑是中国近代以来最早形成，又是在后来相当长时间内影响最大的资产阶级政治思想体系，是近代中国政治思想宝库中十分有价值的遗产。

民国成立后到20年代国民革命时期，孙中山的三民主义思想得到了丰富和发展：民族主义增加了反对帝国主义、国内各民族平等的内容；民权主义增加了直接民权的内容；民生主义加进了“节制资本”和“耕者有其田”的内容。这使它成为在新的历史条件下，国共两党合作发动国民革命的旗帜。

除孙中山外，另一位在革命思潮发展过程中起到巨大推动作用的人物是章炳麟。

章炳麟（1869~1936），字枚叔，号太炎，浙江余杭人，是精通传统经史的国学大师。在学术上，他属古文经学派，与康有为并称为古、今文经学的最后两位大师。在外族入侵，国家危亡关头，他丢弃了古文学派不问政事的传统，毅然走出书斋，与今文经学家康有为站在一起，宣传改良变法，亦于戊戌政变后受到通缉，逃往日本。与始终坚持改良立场的康有为不同，章到日本后不久，思想即转向革命，并很快成为宣传革命思想的核心人物之一。

章炳麟的政治思想大抵是以传统儒学糅合佛家平等思想和西方民主思想而成，其内容可以归纳为以夷夏之辨为依据的排满革命主张，非议会的民主制观点和以佛教空无学说为依据的“五无说”。

章炳麟幼年时曾从外祖父那里学到“夷夏之防，同于君臣之义”，即区分汉族与外族和明白君臣关系一样重要的观念。后来又接受过明末清初具有民族主义精神的黄宗羲和顾炎武思想的影响，于是在脑海里积藏了大汉民族主义意识。戊戌变法失败和义和团运动被镇压后，他目睹清政府统治者的顽固瞒顸，仇满排满激情勃然而发。1900 年他断然割掉发辫，与“一面反满，一面勤王”的唐才常等人绝交。次年写下《正仇满论》。1903 年作《驳康有为论革命书》，以后又陆续写过《讨满洲檄》、《排满平议》等文。从这些文章中可以看出，他的反满、革命、民族主义思想是合为一体的。

在章炳麟看来，大汉民族是中华大地的主人。汉族有悠久的历史、进步的文化，理应成为国家的主宰，不幸由于前朝衰落，使满洲人以一少数落后民族入主华夏。清朝统治者以血腥屠杀手段强迫汉人就范，窃取中国古代“圣道”，统治汉人，大兴文字狱和限制汉人的政策，压抑迫害汉人中的才华之士，终使四万万汉人为几百万满人之奴隶。如果不驱逐满人，无以振士气民风，无以获独立主权，中国终将再成为欧美之奴隶。

他针对康梁宣传的中国积弱不在满人统治，满汉早已同化，光绪皇帝是可依赖的“圣主”等保皇论调指出：中国历史上向有四方少数民族归化之事，但现今的满人并没有归化汉人，而是凌制汉人。汉人无民权而满人有民权，且有贵族之权，即使因时势所迫，不得不委汉人以高官，但仍时时提防限制汉人。汉人为高官者，仍不过是以奴隶身份侍奉满洲主人，而满人进不知政，退不知农商，“制汉不足，亡汉有余”，“无一事不足以丧吾大陆”，这与渎职官僚、杀人抢劫之强盗没有两样。至于光绪皇帝，实际上只是个不辨菽麦的小丑，既无尧帝之智慧文思，又无俄国彼得大帝之勇猛果断。他之所以同意变法，只不过出于和慈禧太后争夺权力的私心。如此满人，如此皇帝，不得不以革命将其打倒推翻。

他指出：革命并不是不分青红皂白，将满人一概杀光，而只是将满人驱回东北原籍，令其自治；排满亦只是推翻满人统治中国的政府，“排其皇室，排其官吏，排其士卒”，而普通满人，只要他服从汉人政府的管辖，则许其耕牧自由。当然，革命可能流血，这是必不可免的事。从欧美历史可以证明，不流血死人，即使立宪也无法得到。

他还认为：同族改制，叫作革命，驱逐异族，叫作光复。他所谓的革命实即为光复，亦即驱逐外族，光复中国之种族，光复中国之土地，光复中国之州郡，光复中国之政权。章的民族主义也有反对西方帝国主义的内容，但整个来说，“言种族革命，则满人为巨敌，而欧美少轻”。

如果说把资产阶级革命较多地归结为民族主义的排满革命是章炳麟政治思想的一个特点的话，那么他在对革命后应建立什么样政府的思考中提出的非代议制的民主观，则体现了他思想的另一个特点。

章炳麟在对西方社会逐渐深入的了解中发现了代议制的弊病。他认为：代议政体是封建政治的变相表现，其第一个缺点是易造成等级差别。中国古来四民平等，没有立议院的必要。其次，代议政体依赖选举，中国地大人众，多数人没有文化，必会造成选举中富豪当选、贤良落榜，形成“上品无寒门而下品无膏粱”之势，那样，名义上的国会反而成了“奸府”。如果采用限制选举法，不管是以识字为限，还是以纳税为限，都会造成一大批人丧失选举权和各地有选举权的人数不均衡的状况。再次，他认为议员不以成绩为选举标准，有大权力的可以仗势笼络人心，信口雌黄，哗众取宠，说话不负责任，或取卑劣手段争取支持者，有的更仗势横行乡里，不能问罪。这样，不但不能伸张民权，反使民权扫地净尽。他认为：“代议政体必不如专制为善，满洲行之非，汉人行之亦非，君主行之非，民主行之亦非”。

章炳麟认为，革命后的急务在于“辑和民族，齐一语言，调度风俗，究宣情态”，即在于统一，因而美国的联邦政体不适合于中国。他参酌中国古代政治中某些管理措施和西方民主制度，设计了一种无议会的总统民主制。这种制度遵循法制原则，采立法、司法、行政、学校并立的形式：总统民选，但根据国法规定，只主管行政、国防，为外交代表，余事不问。司法官由懂法令者“自相推择为之”，政府无权提升、罢免。学校除小学、军事学校隶属政府外，余皆独立，校长与总统处于分立监督地位。制定法律不由政府，而由精通法律者与“通达历史，周知民间利病之士”讨论而定。法律一经制定，总统无权更改，百官不得违越，有犯法者，人人有权诉之法官，逮捕治罪。此外，总统任官有若干限制，决定事情，应与国务官共同签署。司法官吏有过失，由长官惩治，长官不治者，民得请于学官，即学校校长，召集法学者共治之。政府定期向人民公布收入，须增加税收时，由地方官询问百姓，百姓同意则可行，不同意即放弃。国家遇有外交、战事急务时，各县选一人组成临时议会，与政府商议。民有集会、言论、出版自由，法官保护此自由。所有这些政治设施目的在于抑制官吏，提高平民百姓的地位。与此政治制度相应，在经济方面还要实行有利于穷人、抑制富豪的政策，鼓励人人劳动，消除剥削。官吏及其子女不得兼营工商，以借政治谋私利。

章炳麟的政体设计用意在于克服欧美代议制的弊病，结合中国国情，建立一个真正的法制民主国家。但其在论证上缺乏周密细致，在操作方面又有许多难于把握之处，因而带有很明显的空想成分。

“五无论”是章炳麟提出的更具空想性的主张，他认为，共和之制，即使施以节制，使其免于流弊，终究不是使人类达到最美好境地的办法，但可以以它为基础，过渡到超越民族主义的“五无之制”。这“五无”一是“无政府”，他认为种族相争都是因政府存在造成的，取消政府、政权，人们便可以彼此和平相处。与取消政府的同时，还应取消钱币，销毁军器，废绝婚姻家庭，这样就可以除掉人民的嫉妒之心，减少祸害，他认为减少祸害就是幸福，因为所谓幸福本来就是不存在的东西。二是“无聚落”，他认为，国界虽因政府取消而打破，但聚落（即人们聚居之地）仍旧存在，本应平等的人类仍会因所居之地的面积、气候、环境、土地肥瘠不同而争战不已，因此，应取消聚落，使人人成为游民，不断迁移，每年到一个新地方居住。三是“无人类”，他还认为政府国家是人类造成的，若想从根本上取消政府国家，便应消灭人类，其办法是由一两个伟人出来，教人实行独身主义，并明白“无我”之道，以使人类断绝后嗣。四是“无众生”，他认为，为了断绝人类再生的机缘，应同时消灭可以进化为人类的一切动物或生物。五是“无世界”，他认为世界本为虚无，所谓世界不过是人类的幻觉。等到众生消灭，世界也就根本消灭，那时便到了“最后圆满之期”。

章炳麟的“五无”说是佛家空无观念与西方无政府主义相结合的产物，如果不是一种玩世不恭的诳语的话，那么它正表现出他的思想深处对现实改造的悲观，这种悲观反映了由传统农业社会向近现代工业社会转变过程中农民小资产阶级的恐惧不安心理。有趣的是，章炳麟的悲观空想与同样受到佛家思想影响的康有为《大同书》中的乐观主义空想形成了鲜明对照。

从章炳麟的例子可以看出资产阶级革命派在为创建民国构建理论时思想的复杂性。章在辛亥革命前夕与孙中山发生矛盾，在民国成立后又一度附和袁世凯，部分地可以由其政治思想中找出原因，而革命派在反满、革命、追求共和民主的大目标下思想的分歧或不成熟，亦可以说是他们推翻了皇帝取得革命成功，却在巩固成果、建设民主国家的过程中遭到失败的原因之一。

## 4 新旧相争

1911 年 10 月 10 日武昌起义的枪声划破了 268 年清王朝及中国数千年来皇权统治的漫漫长夜。如同烈火燎原，仅仅一个多月，全国就有 13 个省和许多州县纷纷宣布起义或独立，大清朝早已千疮百孔的帝国大厦土崩瓦解了。

1912 年元旦，从国外匆匆赶回的同盟会领导人孙中山在南京宣誓就任临时大总统。2 月，经过南北势力谈判，通过了对清朝皇帝的《优待条例》。清帝正式退位，虽然仍保有皇帝虚名，暂住皇宫，但紫禁城内那黄缎覆面、绣有龙形的宝座除了后来两次暂短的复辟之外，从此不再是权力的象征，它将在灰尘覆盖中度过几十年的隐居生活，而后再作为人们的观赏品面世。

辛亥革命的进程是出人意料的，革命后各方势力的斗争亦十分复杂激烈。以孙中山为首的资产阶级革命派为建立一个名副其实的民主共和国家进行了艰巨的努力。

孙中山担任临时大总统的3个月里，南京临时政府按照一个月前革命派与依附革命的立宪派通过的《临时政府组织大纲》，组成了一个总统制政权机构。该机构由大总统、参议院、副总统和陆军、外交、教育、海军、司法、财政、内务、实业、交通9个部组成。其中参议院为立法机关，大总统为行政首领和国家元首，各部为具体行政机关。在此期间，临时政府于3月11日正式颁布了《中华民国临时约法》。

这是一部临时性的民主共和国家宪法，它规定："中华民国由中国人民组织之"，国家主权"属于国民全体"。国民一律平等，"无种族、阶级、宗教之区别"，人人享有人身、居住、财产、择业、言论、出版、集会、结社、通信、迁徙、信仰等自由；有请愿、上诉、诉讼、考试、选举及被选举之权利；有依法纳税、服兵役等义务。参议院为临时立法机关，由各省按比例选派代表组成。其职责除议决法律等事项外，还有弹劾总统、国务员等权力。参议院在国会成立之日解散，其权力转交国会行使。临时大总统、副总统由参议院选举产生。大总统对内代表政府总揽政务，统帅全国海陆军队，制定官制官规，提出法律案，任免文武官员；对外代表国家接受外国大使、公使就任。其受弹劾后，接受最高法院组成的特别法庭的审判。国务总理和各部总长均为国务员，其职责是辅佐大总统工作，副署大总统提出的法律案及命令等。法院由大总统、司法总长分别任命的法官组成，审判时独立公开进行，不受上级机关干涉。

这部《临时约法》体现了近代西方民主国家的立法原则和民主主义精神。据此，中国将成为一个法律上人民享有主权，形式上为三权分立的民主国家。和先前的临时政府组织大纲不同的是，《临时约法》以内阁制代替了总统制。参议院权力较大，国务员负实际责任，总统权力受到较多限制。这部分体现了革命派为限制即将取代孙中山任大总统的袁世凯个人权力的需要。

孙中山辞去临时大总统职务后，革命派为进一步巩固共和民主制度作了新的努力，宋教仁成为实施这一努力的领导人物。

宋教仁，字遯初，一作钝初，号渔父，湖南桃源人，1913 年在上海被刺时年仅 31 岁。这位被章炳麟认作有总统之才的青年革命家曾参与华兴会、同盟会的创建和资产阶级革命派喉舌刊物《民报》前身《二十世纪之支那》的创办工作；担任过同盟会中部总会负责人和《民立报》主笔，并曾在日本法政大学、早稻田大学钻研过西方政治学说，翻译过有关英美政治制度概述一类书籍，是辛亥革命的著名领导人和当时为数不多的较精通西方法律制度的政治理论家。辛亥革命后，他先任临时政府的法制院院长，继任袁世凯政府内阁的农林总长。在孙中山一度退隐之后，他以同盟会为基础，联合几个立宪派组织组成了国民党。他作为国民党的代理事长（理事长为孙中山），实际上成为民初建立和巩固民主制度的进步势力核心人物。

新诞生的中华民国应是一个什么类型的国家？政治组织的结构、运作应该如何？宋教仁的思考是：以政党竞争成责任内阁，以议会民主立法治国家。

宋教仁认为：民主政治虽然在法律上规定国民全体掌握国家主权，但实际上并不是每一个国民都能参与政事，能提出意见、纲领、措施，主持或操控政治进程的只能是少数精英人物。此精英人物分两类，一类是国家和政府的领导者，此类人被依法选出，须依法履行职责。另一类集合为政党，是“真能发纵指示，为代议机关或政府的脑海者”。政党实际上是共和国家能左右国策的政治中心势力。他又认为国家政治的好坏取决于政党的强弱和善恶，因此，组织健全有力且善良的政党是健全国家政治，巩固民主的需要。他反对多党林立，认为政党政治以“两大对峙”为宜。政党须加强党德，以国家利益为重，不搞猜忌离间，有“正当之主张”，平心静气论于议院，不事喧嚣，进而组织政府，实行志同道合的政党内阁，退而在野，处于监督地位，形成两党竞争局面，推动国家政治健康发展。

与政党政治相联系的是责任内阁。宋教仁感觉到民主政治应当有妥善及时的修错机制，即一旦国家政府首脑不能很好履行其义务或有舞弊腐败行为之时，能够及时撤换。如果实行总统制，总统出错，因其权力较大，弹劾更换比较困难，且会造成国本动摇。如行内阁制，内阁出错更换起来较为容易。他的主张是：

内阁由国会中占多数的政党组成；内阁总理由众议院推出；内阁代替总统对议会负责，总统命令由内阁起草、副署，“使总统处于无责任地位，以保其安全”。

以议会民主成法治国家，宋教仁认为，民主国家政治权威在议会。议会中一方面有公开的以政见而不是权势相角逐的党派竞争，以此竞争成多数党派内阁；另一方面要实行立法，最重要的是制定宪法。宪法是保证共和政体存在的根本依据，制定宪法时不能受外力左右。宪法及法律一经制定，应维护其权威性和严肃性，不能因人而异，凡政治施设运行“先问诸法，然后问诸人”。这样才可以使国家政治置于法制之下。

宋教仁不仅是一般地提出民主宪政原则，并且为设计和实行民主制而尽力。他在武昌起义后，和居正一起起草了《中华民国鄂州约法》，其中不少内容被后来的《临时约法》采用。他在争取参加第一届国会的政党竞争中为国民党制定了一整套政治主张和竞选策略，并到各省公开演讲，发表政见，抨击袁世凯任总统以后国家内政外交上的弊端，终于使国民党在第一届国会的参众两院大选中夺取了绝对胜利。正当他踌躇满志，准备出任新的内阁总理时，袁世凯派人在上海车站广场暗杀了他。

宋教仁的死是民国初年政党竞争中一大悲剧，是反民主的思想与势力向民主思想与势力反扑的产物，是权力斗争的反映。同时，此事与时代变动、国家政治激烈动荡引起思想混乱，出现不同价值取向及求治要求等也有不可分离的关系。

一个国家大抵要有一个中心，重心所在，在皇权国家这个中心是朝廷皇帝，在现代民主国家是政府、总统、国会。中国古代也发生过多次政治动荡、朝代更迭，但一个皇帝被推翻，很快就有另一个皇帝来代替。这样，虽有短时混乱，政治中心与重心一般不失。辛亥革命是中国历史上破天荒的事件，正在于它推翻了皇帝而要建成一个民主共和国家。人们对于这样一种新的政治中心及其体现的新的价值意义需要一个认识过程，而初期不成熟的民主又常常形成多中心、不统一、各行其是的状态，这十分不合中国大一统的治国传统。而且在强敌环伺、外侮日甚的国际环境中，这种情况容易引起人们对发生入侵干涉的担心。因此，早在辛亥革命前的那种求稳怕乱反对革命的思想，革命成功后并没有被现实说服。不少人仍旧担心发生混乱，希望在民主共和政体下有一个掌握大权的政治中心和重心。梁启超就是具有这种思想，且在当时有着相当大影响的人物。

梁启超在戊戌变法之后一度提出过开明专制的主张。他的立论基点是：制（治）起于社会竞争，有社会竞争的发生，就必有制（治）的要求，为满足此要求就必须有强制组织的出现。社会中的强制组织虽然会使个人自由受到部分限制，但它的存在目的在于干涉社会中诸种不平等，使之趋于平等。因此，强制组织为社会个人生存所必须，此强制的组织就是国家。国家分为专制的和非专制的两种，非专制国是说“一国中人人皆为制（治）者，同时人人皆为被制（治）

者”；专制国是说“一国中有制（治）者有被制（治）者，而制（治）者全立于被制（治）者之外”。但无论非专制国还是专制国，论政者最先注重的是其有制（治）还是无制（治），其次才考虑专与非专之优劣。

制（治）是某种形式的权力表现，其形式为良者谓之开明制，不良者谓之野蛮制，由专断而以良的形式实施权力谓之开明专制，这是一个标准。另外，“凡专制者以能专制之主体的利益为标准，谓之野蛮专制；以所专制之客体的利益为标准，谓之开明专制”。即运用权力的人如果是从维护被制（治）者的利益出发的叫作开明专制。他又认为，专制与非专制“一以宪法之有无为断”，即专制国无宪法，非专制国有宪法。开明专制与君主立宪的不同之处在于，君主立宪是在君主形式下制定宪法，以宪法规定君主的权力范围，而开明专制则无须立宪，只是在君主或其他形式下由执政者从被治者人民利益出发，以专断权力规定国家政策、方针等。

梁启超又认为、君主立宪，宪法上可以不为议院政治，事实上有为议院政治的，也有不为议院政治的，共和立宪则必为立宪政治。议院政治须以议员中大多数人有批判政治得失之常识，国家内有发达完备之政党为条件，这一点中国还不具备。因此，中国国民“未有可以行议院政治之能力者”，亦即“非有可以为共和国民之资格者也”。不但如此，而且因为中国人民程度不及格，不具备将选举权定为义务，以自由意志行使而不接受贿赂、威胁的意识及能力，中国施政机关和各种法律如国籍法、义务教育法、租税法、民法、刑法，以及选举区、户口统计等都未完备，因此，连君主立宪也不能马上实行，只能实行开明专制，以向立宪、民主慢慢过渡。

梁的这一思想虽在辛亥革命前产生，民国成立后，他仍坚持此种看法，并把他的意见陈述给袁世凯。同时他参与组建进步党，在宣传民主的国民党和推行专制的反动势力之间站在后者一边。

梁启超所论并非没有道理。辛亥革命虽是一场资产阶级革命，但当时资产阶级力量十分薄弱。代表这个阶级的政党缺乏有力的社会基础和群众基础，因此，在革命过程中不得不与士绅阶级和立宪派官僚、旧军人结合，甚至对守旧势力代表袁世凯妥协。那些上层人物不乏争夺权力利益的野心，因而革命之后，有割据地方者，有鱼肉百姓者。而当时的政党组织在短时间内即成立有大小数百个。康有为 1912 年 8 月写的《中华救国论》叙述当时的情况：

“今共和数月矣，所闻于耳、触于目者，悍将骄兵之日变也，都督分府之日争也，士农工商之失业也，小民之流离饿毙也。”

军队兵将横行霸道，地方长官割据纷争，有工作的失业，老百姓逃难饿死；“号为共和而实为共争共乱，号为自由而实为自死自亡。”这种说法反映了当时一部分人对国家与社会前途的不安感受。

康有为还认为，为国之道应先求不乱，后而求治，而弭乱求治不能不依赖强有力的政府：“政府必当有大权而不掣肘，然后开阖操纵，震动昭苏”。这是与梁启超开明专制的要求相一致的。他写这番话时，正担任由陈焕章等人发起成立的全国孔教会会长。他后来多次批评共和，号召尊孔复古，以至协赞复辟，均是出于这种考虑。

应该说康梁的开明专制论和尊孔复古论在当时虽有逆历史潮流而动的一面，却不失为救国救亡的学理性思考。不过因他们的思想符合袁世凯求治心理和权力要求，被后者吸收利用。

袁世凯（1859～1916）早年从军担任过事务性官员，办事干练，狡黠多谋，官至直隶总督兼北洋大臣、军机大臣，是北洋新军的创办人，北洋军阀集团的首领。他在戊戌维新运动初期曾积极拥护改革，后来却成为向慈禧亲信荣禄告密的变节者。辛亥革命期间，他因受满洲贵族排挤，亦有拥护革命的表示，因而博得革命派的信任。但他担任临时大总统后所考虑的不是如何确立民主制度，力行民主教育，把中国推向民主轨道，而是统一全国，剪除异己，达到所谓国治民安的局面。因此，他施展纵横捭阖的手段，利用亲信，拉拢同盟，暗杀政敌，举借外债，兵伐异己，祀孔祭天，排斥异党，解散国会。在这一系列手段得逞后，袁世凯操纵约法会议制定《中华民国约法》，于1914年5月1日正式公布。

该约法改《临时约法》规定的内阁制为总统制，规定大总统为国家元首，总揽统制权，拥有召集或解散立法院、公布法律、任免官吏、宣告和战、统帅全国海陆军、缔结条约、宣告戒严等一切大权。另置国务卿和参政院，帮助总统审议重要政务。随后约法会议又通过参议院提出的大总统选举法，将原法规定的总统任期由5年改为10年；原可连任一次的限制改为连选连任无限制。又规定新总统候选人由现任总统提名。这种总统总揽大权，几乎不受限制的情况为西方民主国家制度中少有，而总统如此长的任期和提名后任的规定尤为民主发展史上仅见。

尽管如此，在一些对中国“骤行”共和民主大不以为然的人看来，这部“约法”仍不能保证国家的安宁稳定。1915年4月，任政治会议议员和参议院参政的杨度撰写《君宪救国论》，上呈袁世凯。

杨的主张基于传统的“大一统”思想，发挥孟子“定战国之乱”、“列国并为一统”的“定于一”的经训为“定中国之乱”、“元首有一定之人”的主张。他认为共和民主在发达国家只能致富，不能致强。德国和日本之所以称雄于世，是因实行君主立宪制。至于中国，人民程度“甚低，实行共和既不能致强致富，又不能止乱安民，因此，欲求统一行政、国内治安，必须先去共和，改行专制”。他认为立宪可导致国家富强，但立宪不能以共和求之，而只能以专制求之。他尤其担心共和政府更换总统期间，由竞选总统可能演至兵争，认为只有改大总统为君主，废弃总统选举制，定世袭规章，才可以免除对总统地位的觊觎、竞争及可能引起的战乱。

杨度的主张正中袁世凯下怀。袁亲题“旷代逸才”

四字，由政事堂做了一个匾额，赠给杨度。受到鼓舞的杨度借袁世凯聘任为总统府顾问的美国人古德诺“世界国体，君主实较民主为优，而中国则尤不得不用君主团体”的议论，发起“筹一国之治安”的筹安会，鼓吹帝制复辟，上书劝袁世凯登基，终而演成“洪宪帝制”83 天的皇帝梦。

杨度的君宪救国论是民初几年间反对民主共和思想的最极端露骨的言论。他的出发点或也确是救国强国，他的注重统一，加强中央集权的认识也有其历史的合理性，但其选择复辟道路却大违清季以来蓬勃发展的民主潮流。加上袁世凯为实现统一和个人野心，不惜举借外债，甚至传说其答应日本提出的严重侵犯中国主权的“二十一条”，其对民主势力的压制步步加剧，以致到了令人无法容忍的程度，不仅革命派，最后连梁启超、康有为等都对其失去信任。成了孤家寡人的大独裁者，除了失败，还有什么路可以走呢？不过，那位曾极力鼓吹帝制，把袁世凯推上皇帝宝座的杨度后来却加入了中国共产党，为共产主义事业作出贡献。可见，一个人一生中的思想变化也可能是十分巨大的。

# 三　迷茫与探索

辛亥革命推翻了统治中国 268 年的满族贵族皇帝，从此结束了几千年来中国的封建皇权专制制度。然而，革命后的社会政治状况并不能令人满意，人们渴望的自由平等、统一富强并没有出现。国家的分裂局面，混乱的党派争夺使守旧派担心，亦给独裁者提供借口。在袁世凯一步步走向新的皇权宝座的过程中，人们看到革命的失败、共和民主的丧失，民国仅仅成了一块具有讽刺意味的招牌。于是失望、痛苦、迷茫的人们，有的附和专制，有的退隐、颓唐。然而也有的奋起抗争，为救国，为民主，为反专制，为国家政治向现代化方向迈进，展开新的探索。《甲寅》与《新青年》杂志就是在此探索中出现的两颗民主舆论之星。

## 1　民主宣传

“甲寅”是 1914 年的干支名称，以此得名的《甲寅》月刊当年 5 月在日本东京创刊。这是一本大十六开，每期 200 余页的大型刊物。一尊古青铜编钟占据整个封面，“甲寅”两个大字的下面，一只昂首大张着口的卧虎似乎告诉人们，在这并非寻常的虎年，作者将奏起激越洪亮的晨钟，迎接黎明的到来。

刊物的主编是当时及后来政治、文化学术论坛上均负盛名的章士钊。这位时年仅有33岁的湖南人已经有过参与组织华兴会、编辑《苏报》、任《民立报》主笔的不凡经历。他曾留学日本、英国，阅读过许多西方政治学、法律制度方面的著作，对英国的政治制度十分熟悉，尤其赞赏英国宪法的博大宽容精神。因此，他在《甲寅》第一卷的开篇即以《政本》为题，推出了以“有容”为核心内容的民主政治主张。

他写道：“为政有本，本何在？曰在有容；何谓有容，曰不好同恶异。”

他分析了民初以来政情混乱导致社会凋敝、民怨沸腾的情况，认为致乱原因在于不同派别势力，为图私欲，互相倾轧，必欲压倒对方以为快，此种做法根源于“好同恶异”心理。

“好同”不只是引相同观点以为友之意，更主要的是“强人之同于己”，即勉强别人赞同或服从自己。“恶异”也不仅以讨厌他人意见为止，而是想把异己意见、异己势力根本剪除。“好同”、“恶异”实际上反映一个意思，即以我为正确、为中心，不容任何异己意见或势力存在。

章士钊指出，民国初建之后，国内势力分成两大派，在革命党人一方，未曾注意他方与自己利益不同之点而施以调融，却挟其成见，出其全力，以强人同己，欲使天下人才尽出于己党。以袁世凯为首的政府一方则把以正当方式批评政府斥为“奸国”，指责议会提出反对意见是“断送国家，残民以惩”，进而灭议会、禁党派、废自治机关、限制新闻自由，这亦是强人同己。

他认为“好同恶异”是野蛮落后的心理反应，表现在明面上是兵戈争斗，表现在暗地里便是政治上学术上的专制。它的要害是不允许反对意见存在。然而中国有句古话：“防民之口甚于防川”，愈是压抑厉害，爆发起来就愈强烈。从物理力学道理上讲，有向心力和离心力，二力平衡，物体状态才会稳定。政治上也是这样，对于政府的向心力而言，就有一种离心力存在，此离心力也叫抵抗力。这种政治抵抗力表现为三种形式：“抗之以变，则为革命；抗之以常，则为立宪；抗之于无可抗，则为谏争”。专制政府不允许正常的抵抗力存在，势必激成革命；革命党人若不允许反对意见或势力存在，则亦会走向专制。这样，政治将变乱不已，国家将一无宁日。

从另一方面说，为政的根本方法在于“用才”，“天生之才而适有相当之职分以发展之举曰用；用才云者乃尽天下之才，随其偏正高下所宜，无不各容其量，以献于国”。要做到“国有一分之才，即当使之自觅其途以入于政”，政治就必须有能容纳各种“偏正高下”之才的余地。立宪政治就是以“有容”为原则的政治。一方面，立宪是“以法律遏君之欲”，使其不能强迫别人服从自己，造成专制，另一方面，立宪政治使所有胸怀政治抱负的人，“在国法范围之中，从容出其所见，各各相衡，各各相抵”，国家政府则“因取其长，而致其用，以安其国，以和其人”。这是立宪政治优越于专制政治的根本所在。

从“有容”出发，章士钊进而提出“调和立国论”。他认为一个大的国家内“情感利害杂然并陈”，如果不让其各得其所，“群体将至迸裂、不可收拾”。另一方面，社会日益进化，新与旧，进步与保守总是杂陈一处。因此，调和为“天演之真相”，“立国之大经”。

所谓“调和立国”是指在以“有容”为原则的宪法范围内，将各党各派，各种不同意见“冶于一炉”，使国家所有大政方针，诸种措施，均“以全体相感相召相磋相切之精神出之”，“全由同意，不假强为”。要做到这一点，不同政派势力既要各自坚持己见，以成互相对抗之势，又应有谦让之德，以成互相调和之局。他希望国内两大对抗势力坐到一起共同商议“调融和合之方”，以便使全国的聪明才力都能发挥出来，大家的情感利害得以融和一处，以众人的要求、标准为制定宪法的基础，共同遵守奉行以成为社会习俗。

从“用才”出发，章士钊宣传一种“精英民主”观。他认为不论何种国家，能够改变社会，为社会中坚人物的只能是国中一部分“聪明俊秀之士”，因此，他理想中的立宪政治“不以普通民智为基，而即在此一部优秀分子之中创为组织”。这也就是说，他的立宪民主并不施于广大无知识的平民百姓，仅施于国中那几十万以至十几万具有“智勇辨力”本领的精英。

他说，这种立宪与流行的所谓“开明专制”没有大的区别，不同的地方只是在于：专制下的精英人才不过是皇帝或独裁者的傀儡，立宪制度中的精英人才则能够“各抒其本能，保其善量耳”。这种民主主张是针对当时社会上流行的国民智力低下，不能实行民主的意见而发，同时也确实出于对中国实际状况的考虑。

与宣传“有容”原则和“调和立国论”相适应，章士钊还在《甲寅》杂志上发表《国家与责任》、《复辟平议》、《共和平议》、《政力向背论》、《帝政驳议》、《学理上之联邦论》等很多文章。

在《国家与责任》一文中，他针对袁世凯御用国会通过的新约法中加大总统权限的内容予以驳斥，同时辨析国家与政府的区别。他说：国家是“统治权之本体”，政府是按照国家旨意“敷陈政事”的机关，国家的权力无限，而政府的权力应该有限。

在《复辟平议》中，他进一步论述国家与人民之间的关系。他说：所谓国家实际上是政治学者用以表明某种社会的符号。国家不能离于人和法而存在，法是保障人的权利的，所以国家是为人民而设立的，人民为实施权利而创造国家，而不是国家为人民创造权利；国家不是人生的归宿，只是人生之方法，而宪法则是人民的权利书。共和与立宪的关系是形式与精神的关系，“形式者，国体之事”，“精神者，政体之事”，二者之中精神为要。因此，无论复辟君主，还是实行开明专制，既不合时宜，也不合“平民情、致民福”的要求。

在《学理上之联邦论》中，章士钊针对舆论专制下人们视“联邦”如毒蛇猛兽的偏见，从理论上阐述“联邦”、“邦联”、“单一”三种国家形式的区别和关系，说明由“单一”即集权统一的国家可以不经革命而进为联邦国家，并分析了联邦国中的邦与“单一”国中的地方单位性质与权限的异同等。在此文中，他还特别提出政治家和政治哲学家（或政论家）的不同与联系，及其与国家政治之间的关系。他说，一个国家的政治有两个方面，一为实际，一为理想，“无实际，政治无由行，无理想，政治无由进”。政治操作是政治家的事，探讨政治理想是政治哲学家或政论家的事。二者融和并进是最好的，即使有些矛盾也无关紧要，但任何国家如果仅有政治家而无政治思想家，即“有政而无学”，其政治操作只能在糊涂敷衍中进行，其国将不足以久存。

除以上介绍者外，《甲寅》还对日本强迫中国签订“二十一条”，美国人古德诺及筹安会的帝政说，以及袁世凯的帝制复辟活动等进行了批判。总之，《甲寅》杂志所涉及的各类政治问题都是辛亥革命推翻沿袭两千年的皇权专制统治后，国家政治建设中面临的重大问题。章士钊从现实出发，论政注意学理分析，对民主理论的阐发和宣传作出很大贡献。尽管他后来在文化方面坚持保守立场，在担任北洋政府教育总长期间一度依附反动军阀，阻碍进步运动，然而他在民初宣传民主、反抗专制中所起的作用是不能被历史遗忘的。

和章士钊一起在《甲寅》发表文章的还有陈独秀、李大钊、高一涵、易白沙、张东荪，以及尚在美国读书的胡适。这些在其后五四运动及现代中国政治、文化、学术思想史上非常著名的人物，此时围绕《甲寅》杂志俨然形成了一个政治文化派别，围绕章士钊提出的问题，各自阐发自己的见解。如陈独秀继章的《国家与责任》一文发表了《爱国心与自觉心》，诉出国家不能保障人民权利，不能为民谋幸福，这种国家有没有都无所谓，“国家国家，尔行尔法，吾人诚无之不为忧，有之不为喜，瓜分亡国之局，终无可逃”的悲愤之言，在其时文人学士中引起轩然大波。很多人致信《甲寅》，诘问斥责，以为“不知爱国，宁复为人”。李大钊发表《厌世心与自觉心》，一面解释陈文的言外之旨，一面提出“自觉之义在改进立国之精神，求一可爱国家而爱之”，以补充陈文未尽之义。章士钊亦著文为陈独秀辩护，称陈为“汝南晨鸡，先登坛唤”。

这位“先登坛唤”的陈独秀，字仲甫，比章士钊长 3 岁。他小时候顽皮聪明，感情易冲动，不畏强暴而又同情弱者，尤其性格倔强，挨打时从来不哭，惹得祖父不只一次地骂他：“这个小东西将来长大成人，必定是一个杀人不眨眼的凶恶强盗。”然而陈独秀长大后没有成为强盗，却成了五四新文化运动发起者和著名领袖，中国共产党的主要创建人。

青年时的陈独秀结交进步朋友，结社办报，宣传开化、民主，且参加过推翻清朝统治的革命活动，几次受通缉亡命日本。正是这种激进思想和颠沛生活，使他有机会结识章士钊。在帮助章创办《甲寅》的过程中，他同样对辛亥革命没有建成民主政治痛感失望，但他没有仅仅停留在对政治问题的探讨上，而是深刻认识到，中国政治革命不成功的背后，隐藏着文化的原因，那就是国人思想陈腐守旧，无做国家主人的觉悟，无独立的人格和争自由的勇气。于是他下决心从文化思想启蒙入手，办了10年杂志，要让全国思想来一个彻底改观。1915年9月，他在上海正式创办《青年杂志》（自2卷1号起改称《新青年》），吹响了五四新文化运动的号角。

与《甲寅》主要谈政治倾向不同，《新青年》一开始主要探讨伦理道德、文学、教育、文艺、语言的改革问题。尽管如此，由于陈独秀宣传思想革命是为建立“真正的”民主政治打基础，而他本人又时时关心政治问题，这便使政治思想也在该刊占据了一席之地。

《新青年》宣传的政治思想大体有三个方面。

第一，民主政治的建立必须以国民自己认识到其为国家主人为条件。陈独秀在该刊开篇《敬告青年》一文中即提出青年“自觉”的六项标准：自主的而非奴隶的；进步的而非保守的；进取的而非退隐的；世界的而非锁国的；实利的而非虚文的；科学的而非想象的。他号召青年：“脱离夫奴隶之羁绊，以完其自主自由之人格。”

随后，他又指出国家教育方针中应包括“惟民主义”内容。这个“惟民主义”是陈独秀从张东荪那里接受过来的民主的对应语，但他对这一名词的理解与张略有不同，他认为，“惟民主义”就是认国家为“民主的国家，非民奴的国家”，以国家为国民之公产，非执政者之私产，以人民为国家的主人，以执政者为人民的公仆。

他又在《吾人最后之觉悟》一文中指出：“所谓立宪政体，所谓国民政治，果能实现与否，纯然以多数国民能否对于政治自觉其居于主人的主动的地位为惟一根本之条件。自居于主人的主动地位，则应自进而建设政府，自立法度而自服从之，自定权利而自尊重之。”

与此同时，高一涵连续发表《共和国家与青年之自觉》等文章，反复陈说共和民主与思想独立、舆论自由之间的关系。他写道：共和国家第一要义“即在致人民之心思才力各得其所”，“故能发表独立意见”是人品的第一要义；共和国家是建立在舆论基础上的，而要造成真正的舆论，“惟有本独立者之自由意见，发挥讨论，以感召同情者之声应气求”；共和国家的本质“基于小已言论之自由”。

高一涵还发挥了章士钊的政治建设重在“用才”的观点。但他特别指出：“古之用才权在君相，今之用才权在自身。古之怀才者多待价而沽，今之怀才者宜及锋而试”；共和国民应有“独立之才力心思，具自主自用之能力”。这就强调了人的自主自由对于民主政治的意义。

第二，要建立民主政治，必须抛弃以孔子学说为核心的传统伦理道德和价值观念。陈独秀等人认为：伦理思想对政治有很大影响，儒家“三纲”之说是中国伦理政治的本原。“三纲”的根本旨意在于分别尊卑贵贱，维护阶级制度，而共和立宪制度以独立平等自由为原则，与纲常阶级制度为绝对不相容之物，二者“存其一，必废其一”。陈独秀写道：“三纲”之说使臣、子、妻成为君、父、夫的附属品，丧失其独立自主人格，而传统道德中的忠、孝、节更是叫一切人都成为奴隶。一国之人都做他人的奴隶，而不知道自己是国家的主人，民主政治怎么才能实现呢？他坚决反对康有为给总统黎元洪和总理段祺瑞的信中提出的在宪法中保留孔教与制定“拜圣”之礼的提议，指出孔子与帝制“有不可离散之因缘”，独尊孔子将造成学术思想专制，“其湮塞人智，为祸之烈，远在政界帝王之上”。因此，不仅不应把孔子学说立为国教，定入宪法，反应烧毁全国已有的孔庙而“罢其祀”。

与陈独秀相配合，易白沙在《新青年》发表《孔子平议》，揭露孔子不过是历代帝王为维护其统治而制造的傀儡。李大钊发表《青春》，号召青年“冲决过去历史之网罗，破坏陈腐学说之囹圄”。鲁迅则在《新青年》上发表了中国近代以来第一篇产生重大影响的白话小说《狂人日记》，揭露封建道德吃人的本质。

第三，提倡“国民政治”，反对“贤人政治”。民国初年，许多政治活动家和论政学者出于对文化远未普及，民众智力低下状况的考虑，把民主政治的实现寄托于当政者或政党政派，以及少数优秀分子，陈独秀反对这一看法。他指出：法国革命、美国独立、日本明治维新都是出于国民的运动，而中国的维新共和则只有政党争斗，与国民无关，这不仅使中国的维新共和之业难成，而且不利于国民思想与人格的进步。他号召青年做强有力的国民，以国民运动代替政党运动，通过国民运动建立自由的、自治的国民政治。这种国民政治是以多数国民而不是以少数伟人大老、贤人才俊立于主动地位的政治。只有这种政治才能体现出立宪政治的精神，才能使宪法与其中规定的自由权利得到永久的保障。

高一涵从七个方面对比了贤人政治与专制政治，得出贤人政治几乎与专制政治同一概念的结论。他进而指出：国家本是自由人民以“协意”结成的团体，其任务是使人民分工合作，发挥各人的本能，以达到人生求幸福的目标。每个人应该以自己的智慧能力获取自己的需求，而不应让别人包办代替。民主国家就是在政治上保障每个人的自由权利，使各人借政治之力，自由发展为贤人才俊；专制政治或贤人政治则是先剥夺普通人政治上的人格自由权利，使其托庇于贤人之下，“安享政治之成”，所以贤人政治是不可取的。

李大钊从民彝与政治关系的角度论证了民主政治的国民性、大众性。他认为，民彝即普通人民群众在日常生活中产生，持守并发展着的愿望、要求、价值取向与判断是非标准是国家政治的“神器”所在，是一切制度和法律形成的基础。“信其民彝、彰其民彝”，即忠实于民众思想，表达民众愿望是政治的目的。这种政治的形式是代议制度，精神是惟民主义。政治好坏的标准在于国法与民彝之间是否“疏通”以及“疏通”的程度。国法愈能“信其民彝、彰其民彝”，国家制度就愈为良善。这种见解反映出李大钊对人民群众在国家政治生活中地位重要性的关注。这是他后来成为俄国革命和马克思主义最早宣传者和信仰者的思想基础。

陈独秀等人宣传国民政治，批评贤人政治，表明他们在民主政治建设与民众关系问题上与章士钊看法的分歧，而在先前的《甲寅》派中也有继承章士钊思想，一度热衷于宣传贤人政治的人，那就是张东荪。

张东荪（1886～1973）是中国近现代政治思想及文化、哲学史上的重要人物。他早年留学日本，毕业于东京帝国大学；辛亥革命后一边参与党派活动，一边撰写政论文章。1914 年秋，他写的一篇讨论地方自治的文章引起章士钊的注意。此后，张便成为《甲寅》杂志的经常撰稿人。

在《甲寅》1 卷 6 号上，张东荪发表了《行政与政治》一文，首次提出“惟民主义”观念。他写道：

“近世国家新式政治得一言以蔽之曰惟民主义也”。

这“惟民主义”是张东荪用以翻译英语 Democracy 的新名词。他解释说，Democracy 这个词以往国内都把它译为“民主政”或“民政”，实际上它不仅表示近代民主国家，像英国那样有君主的立宪国家也可冠以这个名词。这样说来，Democracy 便不只是某种国家的形式，而是指的某种精神。这个精神也就是“惟民主义”精神，其具体内容就是“人民以自身之能力运用其政治”，而要做到这一点，其根本条件在“人格观念之发生”。

什么是“人格”呢？张东荪引用英国人格林的观念，认为人格就是“自我实现”。“自我实现”就是“以小己之自觉而求为合乎世界之发展”，它的前提是要求人“有发展之能力与自觉之活动”。也就是说，只有那些有发展能力，能从事自觉活动、实现自我的人才是“惟民主义”精神得以实现的因素。

从一方面看，张东荪这种人格观念很像陈独秀等人宣传的具有独立性格、平等意识和自动、自觉精神的自由观念。张东荪在文章中所说的惟民主义政治也正是那种与官僚政治、专制政治相对立，采取代议形式、党派竞争、舆论自由、地方自治的民主政治。但他对人格观念的解释却强调参与这种政治资格的重要性，从而使他的惟民主义观带有了贤人政治的味道。这使得接受和采用以惟民主义作 Democracy 译语的陈独秀、李大钊不久就放弃了这个名词，而张本人亦在两年后发表《贤人政治》，以“庸众主义”取代“惟民主义”，公开亮出“贤人政治”旗号。

在那篇发表于《东方杂志》的皇皇巨文中，张东荪指出：近代以来世界上支配国家政治的根本原理有两大对立观念，这就是庸众主义和贤能主义。

他从十几个方面分析二者的区别后指出，庸众主义在西方以平民政治（即民主政治）得到部分实现以来，已是弊病百端，到了破产时代。虽然如此，政治上又少不了它。庸众主义和贤能主义好比物理学中之离心力与向心力。国家应以贤能主义为正面，以便使人民中所含有的智能才力，得以发展到最高度；同时以庸众主义为背面，以便使人民中的意见得以宣泄。前者可以保证国内贤能之才获得充分发展、发挥，后者可以安抚庸愚大众，避免其“铤而走险，酿成革命”。这是“贤能导引于上，群生安息于下”的“治之极轨”。

从这一理论出发，张东荪为当时的中国提出一个具体政制方案：成立所谓“二元组织”，一是由官吏和军人共同组成的“专职政治组织”，使其受特殊教育，形成社会之中心、国家之柱石；二是“庶议机关”，它在组织形式上类似西方国家的议会，在权限上却仅限于议政和舆论监督，其职能是监督政治组织，宣达社会各种意见，使统治者与民众常得沟通，仅此而已。

张的论证和设计说得上是圆满的，他自己也因此在当时得到“贤人政治”家的称号。但他的具体方案的立脚点是在当时北洋军阀政府统治下互相勾结又互相倾轧的武人、官僚、政客旧势力的自我觉悟和自我调整上面，这又正如时人批评的那样是“与虎谋皮”。而他推崇贤人精英，鄙夷民众，反对革命的观点又决定了他在相当长时间里游走于人民革命和人民民主的潮流之外。

## 2 观念嬗变

1918 年 11 月 15 日，北京城里张灯结彩，一片节日气象。这一天是庆祝第一次世界大战结束，协约国战胜德奥同盟国的日子。北洋政府因为加入了协约国，虽未出一兵一卒，却也分享着得胜的殊荣。知识分子和进步学生则盼望借世界大战结束之机收回被德国霸占的胶东半岛，并促成国内南北停战，实现和平民主。

在当天天安门前举行的庆祝大会上，德高望重的北京大学校长蔡元培发表了题为《黑暗与光明的消长》的演说。他说，这次大战以后，黑暗的强权论、阴谋派、武断主义、种族偏见都将消灭，而光明的互助论、正义派、平民主义、大同主义将得到发展。

这篇过于乐观的讲话反映了许多关心国事者的共同看法。人们认为，代表专制势力的德国军国主义既然战败，标榜民主的协约国既然战胜，受人拥护的美国总统威尔逊既然高呼为民主为正义而战，那么，世界的民主时代就将到来了。于是舆论界出现召集国民大会，以作南北两政府的仲裁机关和实施民意，组成国民制宪委员会，由国民制定宪法的提议；报纸杂志刊出大量宣传民主的文章。

新出版的《每周评论》提出“公理战胜强权”，对外要求人类平等主义、对内要求抛弃军国主义的口号。《新潮》提出战后民主主义和社会主义将形成巨大潮流的看法。《国民》杂志提出为了适应战后的世界潮流，中国必须除掉军阀政治，实行平民政治。《北京大学日刊》中一篇文章写道：欧战之后，世风大变，“民主”一词遂成为一世之标语。由北京大学、江苏教育会等五大教育单位合办的《新教育》杂志在其开篇序言中标明要让民主的光芒照耀东亚大地……

在思想舆论、教育各界，同时掀起的这一前所未有的民主主义浪潮中，人们抨击军阀统治，要求真正民主，引进世界各国新的民主思想，对民主概念、理论及实行中的问题等进行了进一步深入探讨。

这一民主浪潮对于五四爱国示威运动起到推动作用。五四运动作为一场大规模反对帝国主义强权压迫，抗议政府的民众自觉运动，又反过来推动了民主潮流的发展。

在五四运动中和运动后一年多时间里，社会上出版的各类期刊一度达到数百种。借用当时评论者的话说，这些刊物大都有一个定向，就是宣传德谟克拉西。就在这场民主主义的巨大潮流中，人们对民主主义的理解发生了变化。

“民主”这个名词被引进中国后很长一段时间里是被作为政治名词认识的，意味一种国家形式，即推翻君主统治，实行代议制、三权分立、自由选举的制度。典型的民主国家是法国、美国、瑞士，而英国、日本在一段时间里则被认为是君主立宪而不是民主国家。虽然戊戌、辛亥以来人们在宣传立宪民主时，也传播了自由平等思想，但甚至到陈独秀发起新文化运动初期，他还是在政治的意义上理解“民主”，而把自由平等作为实现政治民主的必要条件看待。张东荪把Democracy译作惟民主义，带有从政治精神的层面认识民主的意味，可以说是中国学者理解民主精神含义的开始。后来北京大学法科教授陈启修提出：惟民主义仍不能涵括 Democracy 的全部含义，应该用“庶民主义”作 Democracy 的译语。他说，“庶民”的“庶”字是“所有”的意思，庶民主义也就是由所有人民组成，由所有人民参与管理，为所有人民服务的政治。李大钊一度提出近世的 Democracy 实际是一种“平权主义”，政治上要求选举议政权，妇女运动要求与男子平等的权利，工人罢工要求生活上的平等权，殖民地的独立运动要求与宗主国的平等权，等等，都是这“平权主义”的内容。

随着战后各种新的民主主义思想传入国内，又由于无政府主义、工读互助主义、泛劳动主义、社会民主主义等思想影响，人们对民主的理解进一步发生变化。这一变化大体有两个方面：

其一，把民主理解为不仅包括政治内容，也包括经济、文学、教育、社会等多方面内容的概念，从而出现了政治的德谟克拉西以及经济的、文学的、教育的、社会的、国际的德谟克拉西的说法。也有人认为，民主实际上是表明一种生活方式，或是一种理想，它的基本要素是自由、平等、互助、博爱、劳动，它的目的是解决怎么样使人成为真正的人的问题。人们翻译 Democracy 的词汇也五花八门，除民主主义、庶民主义、惟民主义（或唯民主义）外，还有众民主义、民治主义、民本主义、平民主义等多种。有人还提出：既然民主含义如此广泛，不如按照翻译佛经中“五不翻”的原则，直译为“德谟克拉西”。

其二，把民主理解为平民大众的主义。当时不少人接受了用“平民主义”作为Democracy的译语，同时把民主的各方面内容或说在各方面的表现称作平民政治、平民经济、平民教育、平民文学、平民政府、平民自治……有人则提出，德谟克拉西无论在历史上还是在现代都是以贫者为本位的主义。还有人说现代的民治主义以反对资本的托拉斯为出发点，故以劳动中心主义作中坚，而要求真正的自由、真正的平等和真正的解放。

李大钊是这一时期探讨和宣传民主思想的活跃人物。1923年1月，他为商务印书馆百科小丛书撰写了一本论述民主主义的小册子，题名为《平民主义》。书中以热情的笔调描述了当时的民主潮流，他写道：

“现代有一绝大的潮流遍于社会生活的种种方面”，所有政治、社会、产业、教育、美术、文学、风俗，乃至衣服、装饰等等，没有不染上它的颜色的。它是“时代的精神”、“唯一的权威”、“我们天天眼所见的，都是平民主义战胜的旗，耳所闻的，都是平民主义奏凯的歌，顺它的兴起，逆它的灭亡”。

他给平民主义下了一个定义：

“现在的平民主义，是一个气质，是一个精神的风习，是一个生活的大观；不仅是一个具体的政治制度，实在是一个抽象的人生哲学。不仅是一个纯粹理解的产物，并且是深染了些感情、冲动、念望的色泽。”

接下去，他对平民主义的语源Democracy的含义及中文的几种译法作了介绍。他说，Democracy一语在西方古来学者中即有不同解释，后来行用日久，终以表示“民治”的意思。但这个意思演进至今，已经有了很大变迁，其最初“统治”的意思已不复存在。由于“政治”本身含义的演变，“现代的民主政治，已不含统治的意思”，因此，用“民治主义”翻译此语已不恰当。又如“民主主义”译语，用于政治亦还妥当，但用它表明在经济界、艺术界、文学界及其他种种社会的倾向，“则嫌它政治的意味过重，所能表示的范围倒把本来的内容弄狭了”。又有一种“民本主义”的译法，是从日本学来的，而日本人因其国内有天皇存在，国体是君主立宪，把 Democracy 译为“民本”而不译为“民主”，免得与其国体相抵触，中国也没有必要仿效他们。只有“平民主义”、“唯民主义”及音译的德谟克拉西使该词原意损失较少。

他又阐述了平民主义与强力、多数政治、解放与联治、国际运动之间的关系。他说：平民主义政治的精神不外使政治体中的各个分子，都有机会将其所具有的“殊能特操”“自纳”于公共生活之中，在国家法令下“自由以守其轨范，自进以尽其职分”；以平均发展的机会，趋赴公共福利的目的；官吏与公民，全为治理国家事务的人，“其间没有严若鸿沟的阶级”。这里的所谓“治”不是治人，而是“治理事务”之意。在国家与人民之间，“但有意思的关系，没有强力的关系，但有公约的遵守，没有强迫的压服”。政府只是公民赖以实现自己政治生活的工具。

他反对那种把民主政治多数取决方式看成多数对于少数的强力压迫的观点，认为民主政治的实质是“自由政治”，其神髓“不在以多数强制少数，而在使一问题发生时，人人得以自由公平的态度，为充分的讨论，详确的商榷，求一个公同的认可。商量讨论到了详尽的程度，乃依多数表决的方法，以验其结果”。在讨论中，“多数宜有容纳少数方面意见的精神；在依法表决后，少数宜有服从全体决议的道义”。这其中没有强力压迫关系，只有“公同的认可”，多数取决只是表示“公同认可”的一种方法。

他又认为平民主义和联邦主义是人类进化轨道上不可缺少的两大主义，因为没有联邦组织，便不能实现大规模的平民政治，二者之间关系密切，“有一线相贯的渊源”，这就是个性解放。“现代政治或社会里边所起的运动，都是解放的运动”。但解放不是为了分裂，而是为了完成一切个性，在新的基础上组成一个新组织。“一方面是个性解放，一方面是大同团结”，二者相反相成。而联邦主义既可以维护地方、国家、社会、民族由于生活复杂和不断变化而各具的个性要求，又能满足它们共同生存、合作、互助的共性要求。因此，联邦主义不是分裂的种子，而是“最适于复合、扩大、殊异驳杂生活关系的新组织”。他认为未来的世界一定是联邦的世界和平民主义的世界。但是依据当时的国际联盟作为未来世界联邦的基础恐怕只是一种奢望。因为有资本主义、帝国主义存在，就有战争，就没有平民主义存在的余地，“一切国际的会议都不过是几个强国处分弱小民族权利分配的机关”。所以真正的世界平民主义的实现不能依靠中产阶级的国际运动，而要依靠劳动阶级的国际主义运动。

至于“平民主义的开端”，李大钊认为，必须自妇女解放开始。他说，社会上一切阶级差别，经过改造都可以消灭，唯有男女两性不能改变。因此，男女两性间的平民主义“比什么都要紧”。男人的气质易倾向专制，全靠妇女平和、优美、慈爱的气质加以调融。中国妇女历来受压迫，她们的气质、精神没有机会表现出来，因而社会充满冷酷无情、干燥无味。只有先开展妇女解放运动，使中国妇女的美好精神感化男子的“专暴”，积久成习，使专制的社会变为平等的社会，平民主义才可能在中国实现。

李大钊还谈到俄国十月革命后创造的新名词“工人政治”，即无产阶级政治。他说，无产阶级夺取政权后，为了消灭私有制度及其复活的可能性，确立劳动阶级的统治，需要经过一个专政阶段，这是革命过程中不可少的。但这个阶段过后，随着社会主义精神在社会主义制度下的普及，真正的工人政治才会出现，“那时事务的管理，代替了人身的统治”，社会上除老幼病残者外，“人人都是工人”，这种工人政治才是“纯化的、纯正的平民主义”。

李大钊对民主概念所作的历史的、现实的、学理的、实践的剖述，既有政治学理论的意义，又明显超出了政治学、政治思想的范围。他写作这本书时，已是知名的马克思主义者和中国共产党的领导人。因此，也可以说这篇《平民主义》表达了当时一个共产主义者对民主的观察和理解。

与其他初期中共党人强调无产阶级专政，批评民主的“资产阶级性质”不同，李大钊更多地吸收五四时代国内思想界对民主问题的新看法、新观点，同时也对一些西方民主理论原则作出了积极解释。而作为宣传社会主义、马克思主义的著名人物的他被商务印书馆百科小丛书的编者邀请写作此书这件事本身，说明李大钊书中大部分观点在当时，至少在进步的知识界中是被认同的。

五四时代民主思潮的高涨和民主观念的变化在中国近现代政治思想史上的意义是十分重大的，它不仅仅推动了当时及后来的思想解放运动，而且扩大了人们的眼界，使人们把政治制度的民主改革与社会的民主改革联系起来考虑，同时促进了社会主义思想的广泛传播。它又使人们在考虑社会政治制度的改革时更多关注下层人民，以平民大众为政治的主人，以人民群众获得政治权利、自由解放作为良好政治的标准或社会政治改革的目标。它对于一部分思想进步的人接受马克思主义，选择为人民大众翻身解放而斗争的共产主义道路也起到很大的促进作用。

## 3 百家竞起

打开北洋政府统治时期的政府公报，会发现一个十分有趣的现象，那就是总统、内阁更换极其频繁：从 1912 年 3 月到 1928 年 6 月 16 年 3 个月中，总统的职位经历 13 次更迭，其中包括 2 次皇帝复辟，3 次因政治变故，总统职位空缺，由他人代行职务。内阁出现40多次更换，其中大部分为临时内阁，最长者1年4个月，最短只有5天。这种情况反映了在共和民主的招牌下，军阀、政客、官僚权力斗争的激烈。这种斗争不仅表现在争夺政府权力上，还表现在军阀为争夺中央和地方控制权而发动的一次次战争中。这种军阀派系争斗的政局同时造成国家政治多中心和无中心局面。反动军阀为维护权力，一方面积极镇压进步势力、群众运动，因此，有公布警察治安条例、查封进步刊物、逮捕示威学生和群众一类事情出现；一方面又打着拥护民主的幌子，换取民国合法的牌子和舆论的同情。因此，在政府内外仍有一定范围的发表不同政见的自由，有吴佩孚那样的军阀倡议召开国民大会，曹锟想当总统，还是要出钱收买议员。正是这种政治背景为五四时期政治思想的活跃准备了条件。伴随民主思潮的兴起和民主观念转变，各种各样的政治主张竞相而起。这里就其中较为重要或影响大的作一简略介绍。

**无政府主义** 早在民国初年，无政府主义者师复就在广东成立了宣传、实践无政府主义的社团晦鸣学舍。这位曾参加过反清革命，因试验炸弹丢失一只手臂的激进青年，不抽烟、不喝酒、不吃肉、不结婚，以忘我的精力宣传无政府主义，1915年仅31岁就去世。其兄弟、朋友、学生继承其事业。师复编印的刊物、小册子在知识分子和青年学生中间十分流行，使无政府主义作为一种思潮在五四时期仍有相当广泛的影响。

无政府主义的基本主张是不要国家，不要政治，不涉及国家政治机构、权力关系一类问题。但从它反对政治，试图以社会团体或完全的个人自由取代政治组织这个角度看，它又可以说是一种政治思想。

当时无政府主义者吸收和宣传的主要是俄国无政府主义者克鲁泡特金的学说，其核心观点是废除国家、宗教、资本制度、法律、家庭等一切“强权”。主张人民完全自由，不受任何统治、压迫；取消家庭、婚姻制度，实现各尽所能各取所需的“无政府共产社会”；以绝对的自由和高度的道德修养作为人生努力的目标。在实现无政府社会的途径问题上，有人主张以“平民革命”方式，或采取个人暗杀活动，或进行联合暴动，“杀尽皇帝、总统、官吏、资本家”。有的主张以教育的方式，鼓励人们放弃对强权的迷信和迷恋，以“爱力”、劳动、互助去实践无政府生活。这些主张显然带有极大的空想性，但它不仅对五四青年的思想解放起到促进作用，而且和当时的泛劳动主义、新村主义、工读互助主义相呼应，引导部分青年走出家庭，结成小团体，去实践所谓新的生活，当然其失败的结果也是不难料定的。

**全民政治论**　全民政治，顾名思义，是指全体人民的政治。这个名词的广泛流行大抵自孙中山的亲密同志和有力助手廖仲恺翻译《全民政治论》开始，但其基本思想则是孙中山先提出来的。孙中山在对辛亥革命后民国建设屡起屡仆的反思中认识到人民群众在政治中的重要地位，吸收瑞士及美国部分州实行的直接民权制度体现的思想，提出在民主国家中，人民群众应享有选举、罢免、创制、复决的权利。1916 年 7 月袁世凯死后，他在上海的几次谈话中正式提出这一主张。

廖仲恺翻译的《全民政治论》主要涉及创制、复决、罢免“三大民权”在政治上的运用。

所谓创制权是指公民对于国家地方事务诸如设立某项法律、废除某项法律、改进某项工作等，有权提出处理意见，请求举行公民投票。在得到多数公民的赞同后，即可强迫国会或地方议会将其所提意见作为议案通过。复决权是说公民有权通过投票的方式决定弃取立法机关通过的法案。罢免权是说公民有权对国家和地方政府官员进行监督，在他们认为某些官员不称职时，有权提出请求书，通过公民投票的方式罢免该官员。由于这几项权利都是由人民自动实行而无须通过议会，所以称作“直接民权”。它被认为是改变议会、政党或少数人操纵政治，消除代议制弊端，使全体公民参政议政的有效途径。

根据这一思想，孙中山提出了“权能分立”的理论。他认为人民当中在智能上可以分为“先知先觉”、“后知后觉”、“不知不觉”三类，前两类人有能力参与国家事务管理，但他们是少数。绝大多数属于“不知不觉”的人没有这种能力，但他们却应是真正的民权享有者。他把政治权分为政权、治权两种，与“权能分立”相对应：有能的人可参与政府，掌握治权，但一旦成为政府官员，便失去普通人民应享有的自由，成为人民的公仆，受人民监督。无能的人不能成为政府官员，但享受公民自由，掌握政权，对政府实行监督。治权又称为“工权”，包括行政、立法、司法、监察、考试五权；政权又称“民权”，包括选举、创制、复决、罢免四权。治权方面在中央设置五院，实行“五权分立”；政权方面由地方、中央两级国民大会行使。地方的国民大会由公民普选产生，中央的国民大会由各县国民大会的代表组成。

孙中山把这个由四项直接民权的运用和五院职能的行使组成的相联系的系统称作一部大机器，把直接民权比作整部机器的四个“制扣”。他认为行使四项民权不需要高深的智慧才能，只用举手之劳就可以决定政府官员的选用、罢黜，法律的审批和创设，恰似无知皇帝阿斗掌握着一国大权，而政府的官员如同诸葛辅政。

孙中山的这一设计实际上成为他在世时国民党所要建设的全民政治国家的政权模式。它的用意在于寻求政权与治权平衡调和，以达到民主与效能的统一。同时，它以士农工商四民平等为出发点，强调全体人民的权利，是对资产阶级独占政权的一种批判。当然它也带有反对无产阶级革命与专政的意味。事实上，在孙中山逝世后，他的四大民权主张从未得到很好的贯彻实行。

**基尔特社会主义**　“基尔特”是英文 Guild 的音译，意思是“行会”。这是一种产生于中世纪英国的生产组织。20 世纪初期，在英国工人反对资本主义剥削的运动中兴起了以基尔特组织形式与精神改造现行制度的思潮，这就是基尔特（或称行会）社会主义思潮。五四时期由于中国人对于资本主义制度导致世界大战、资产阶级剥削惨无人道的认识，基尔特社会主义被引入国内。宣传这一主义的代表人物有张东荪、梁启超等。上海《时事新报》副刊《学灯》、《解放与改造》（后更名《改造》）等刊物是他们宣传该主义的阵地。1920 年 10 月到次年 7 月，信仰基尔特社会主义的英国著名哲学家罗素来华讲学，更推动了基尔特社会主义的宣传。

基尔特社会主义的基本主张是通过工人与工厂经营管理人员的结合，对企业实行自治，逐步实现企业公有，产业自治，废除工资制度，最终建成一个没有剥削的理想社会。这个理想社会的政治结构以国家和基尔特双重管理为特征。国家以地方政治联合为基础，基尔特以生产职业为基础。国家负责管理治安、国防、外交等事务，基尔特管理生产；国家代表消费者利益，基尔特代表生产者利益；重大问题由国家议会与基尔特议会联合解决。有人认为，在基尔特社会中可以完全取消国家议会，一切社会生产与生活问题均由各行业职业团体代表大会解决。

与这种社会组织相应，基尔特社会主义者还提出一种称作“职能民主主义”的议会选举原则。它有两个要点：一是被代表的人们必须自由选择他们的代表，并且对代表有严格的管辖权。二是代表不是代表被代表者的人格，而是代表同一职能或职业中基尔特成员的共同意见。选举代表的具体要求是：代表必须由同一行业的团体内选出，社会上每一职业或行业都应有自己的代表。由于一个人在社会上可能不止拥有一个职业或属于一个行业，有几种职业或属于几个行业便可以有几项选举权。

宣传者认为，这种职能民主有三点好处：其一，可以聚集各行业有专门知识的人才，使国家每一件事都由懂行的人去办，而不是委托给什么都不懂的议员。其二，便于实行人民监督，因为代表在任职期间要对自己所属的职业、行业负责，随时接受批评监督。一旦团体认为自己选出的代表不合格，可以随时罢免。其三，因为团体和代表关心的问题及愿望相一致，可以使代表与团体之间保持密切关系。

基尔特社会主义虽然构织了一幅社会改造蓝图，但在当时的中国并不存在实现的基础和条件。1920 年 11 月，张东荪陪伴罗素到湖南等地讲学，发现中国大部分地方人民处在贫穷、无知，受兵匪和外国侵略扰害而求生不得的境地。于是他发表文章并与梁启超等书信往来，讨论社会主义的实行必须以发展实业和教育为前提条件，承认了绅商阶级发展的合理性，这样实际上是承认了资本主义在中国发展的合理性。基尔特主义在中国基尔特社会主义者那里便成了遥远的理想。

**好政府主义** 好政府主义的宣传者是五四新文化运动中大名鼎鼎的胡适。胡适生于 1891 年，1910 年赴美国留学，曾师从于美国著名哲学家杜威，深受其实用主义哲学的影响。1916 年他应陈独秀之邀，在《新青年》发表《文学改良刍议》，揭开了新文化运动文学革命的序幕，从而加入了启蒙者的行列。1917 年他回国进入北京大学担任哲学教授时曾发愿 20 年不谈政治，要在思想文艺上给中国的改革打下基础。然而在五四运动中各种主义蓬勃兴起的冲击下，他改变了初衷，在《每周评论》上发表了他后来称之为谈政治的“宣言”《多研究问题，少谈些主义》一文，根据实用主义观点批驳“空谈主义”的弊病，倡导“多提出一些问题，少谈一些纸上的主义”。该文发表后引起一场关于问题与主义的争论。尤其是李大钊所写《再论问题与主义》一文提出不同观点，反映出马克思主义与实用主义在学理观点上及其在指导社会实践中政治态度和主张的对立。1921 年 8 月胡适在安徽发表了《好政府主义》演说，提出社会上的好人应站出来监督和改造不良政府，努力建设一个好政府。次年 5 月，他写成阐述好政府见解的《我们的政治主张》，邀请蔡元培等 15 位学者名流共同签名发表。

好政府主义的核心是建立一个有学识，有正义感，不追求私利的“好人政府”。这个政府“在消极方面”，要有正当的机关以监督防止不法官吏的营私舞弊；“在积极方面”，要充分运用政治机关为社会全体谋福利，并且充分容纳个人自由，保护个性发展。它的奋斗目标是实行宪政、公开、计划政治三项改革基本原则和召开推动南北议和的旧国会、制宪、裁兵、裁官、改良选举制度、财政公开六项具体主张。这可以说是当时情况下，以和平方式实现政府改革的一种设想。

由于胡适等人的积极宣传及在该主张上签名学者的社会影响，当年9月，在吴佩孚支持下，由《我们的政治主张》签名者之一王宠惠受命改组内阁，另两位签名者罗文干、汤尔和也加入内阁，成立了一个“好人政府”。但这届作为吴佩孚手中工具的内阁仅仅存在了72天就成了直系军阀内部派系斗争的牺牲品。这对好政府主义的政治主张是一个讽刺。

**联省自治** 联省自治说的是省与省实行联合，各省实行自治的一种国家地方政治组织形式。各省的自治由省内自定宪法，自行组织政府，无须中央委任。联省就小的范围说是局部几省在处理相互间共同关心的问题方面达成某种联合；就大的范围说，每个省与他省都是一种联合关系，处理联省事务的是各省代表组成的联省会议。所以，从道理上说，联省自治与民国初年学者不敢大胆讨论的联邦制十分相近。五四时代民主思潮高涨，促进了人们对地方分权自治主张的拥护，而拥兵割据的地方军阀则企图利用分权自治对抗中央或控制中央政府的军阀势力集权统一政策，这两方面的因素助长了联省自治思潮的流行，也使其带有了复杂性。

1920年6月，旅居上海的湖南人成立湖南改造促成会，提出“湘事湘人自决”主张，并联合在京津的湖南籍名流乡绅一同宣传。湖南军阀谭延闿利用这些舆论于7月22日通电全国，宣称“本湘民公意”，参考国会讨论之地方制度，采取国民选举省长、设立参事制度等方式，实行湖南省自治。1921 年 4 月，取代谭任湘军总司令的赵恒惕公布了《湖南省宪法草案》，次年 1 月再公布《湖南省宪法》。此后浙江、广东、四川等省争起效尤，于是舆论界围绕省自治、联省自治问题展开了广泛讨论。

与军阀画地自保割据一方的目的不同，知识分子是从救国、民主方面去阐发联省自治意义的。有人认为，当时中国已成一种割据形势，非实行联省自治不足挽救。自治是要树立地方宪法的权威，发挥地方政府的积极性，“革一省一国，一国一王的命”，“以武人割据之省，举而还诸省民”。人们指出联省自治有很多优点，如可以使分裂的国家重新统一，免中央政府专权之弊，防止野心家复辟阴谋，激发地方的人民参政兴趣等。也有人说中国地方广大，人口众多，宜于实行联省自治制度。

针对实施联省自治的步骤和方法、人们提出多种意见。有人主张先由南北政府召开统一会议，促国会制定联省宪法及省宪大纲，然后由各省制定省宪。这种主张偏重中央权力，强调中央在联省自制中的作用。同类意见还有一种分权统一说，即主张在统一的形式下实行分治、划全国为若干联治区域，可以省为单位，也可以数省为单位。各联合区域不得互订盟约、对抗中央，未经中央允许亦不能宣告独立。

另有人主张先实行各省自治，由各省人民制定宪法，直接选举县、省长官，废除国会、总统、内阁，采取委员制，中央形同虚设。

还有人指出应当排斥武人、乱党、豪富、滥绅及各类官僚式自治，实行真正的“平民自治”。这种自治应是人民自动的，由平民组织以达其共同生活目标的制度。它完全不受政府约束，充分保障人民自由，自治的标准在于人人有同等人格和自治能力。这种平民自治主张体现了人民民主要求，带有更多的反军阀、反专制意义。

由于控制中央政府的直系军阀大唱武力统一，地方军阀亦不可能支持真正民主的联省自治，联省自治宣传及活动喧嚣一阵便沉寂下去了。

**制宪救国和国民大会**　民国成立后曾有过孙中山主持制定的《临时约法》和袁世凯御用约法会议通过的《中华民国约法》，此外，1913 年 10 月还经宪法起草委员会制定过一部《中华民国宪法草案》（又称《天坛宪草》），但直到 20 年代初，还没有一部正式宪法。没有宪法，国家各项制度、法律、法令只能依据缺乏人民认可的、不稳定的约法，因此，制宪成为当时各党派及知识分子关心的重要问题。

1919 年初，蔡元培、陈启修等发起一个国民制宪倡导会，提出“解决国家根本大法问题为至要之事”，国民不应放任南北势力为谋私利，造成“渊源不正，内容不良之宪法”，应该力争国民制宪权，以毫无偏私党见之心，“本国民之公意，以立永久不弊之宪法基础”。

1920 年 7～8 月间直皖战争临近结束时，胜券在握的直系军阀吴佩孚迭次通电全国，建议召开国民大会。

吴的通电说，此国民大会由国民自行召集，不由官署监督或代办，与会人员由全国各地农工商学各组织初选，各省复选。大会“取国民自决主义”，公决统一善后、制定宪法、修正选举法及一切重大问题。这个倡议引起很大反响，各方人士纷纷发表意见，形成了一个不大不小的“国民大会”运动。其实正如时人指出的，此“国民大会”只是“国民代表大会”，多数人认为它的主要职责在于制宪。但由于军阀内部纷争，此会没有开成。

1921 年 10 月，又有全国商界教育界联合会倡议召开全国各团体国是会议。该会把制宪看成是“解决国是之前提”，免除国家纷争的“救亡大计”，因此，会上首先成立了国宪草议委员会，并制定出一个宪法草案。1922 年 11 月，《东方杂志》以两期篇幅刊出“宪法研究专号”，发表了不少讨论制宪的文章。

关于具体的制宪主张，人们除了较多讨论省宪及联省与中央权限的关系外，还涉及了议会、分权、外交、人民权利、选举法、劳动立法、妇女参政等多项问题，其中改造代议制成为普遍关注的一个热点。

很多人认为作为西方民主制核心内容的代议制度存在许多弊病。首先，代议制的多数取决方式实际上不能代表多数人民的意见，因为政治选举一般要有几个层次，在最低层次当选的代表充其量仅能代表本区选民的多数。而经过几个层次多数取决选举产生的议员中再进行多数取决时，其多数常常不能代表全体选民的多数。其次，代议制常为少数野心家、政党、财阀操纵，结果不是形成“帝室中心的代议制”，便是形成军阀集团或有产阶级的代议制，说到底是一种变相的阶级专制。再次，代议制在精神上不符合民主，因为民主精神有两个，一是“政权操诸公民全体”，二是“公民直接行使政权”。代议制下即使实行普通选举，行使政权者仍只是议员，不是公民全体。最后，代议制在中国尤其弊病百端，由于武人政客与投机商沆瀣一气，支配政治经济，施行强力压迫和金钱收买，即使议会制度真的实现了，也必是资本利益的代表，与全体国民的幸福无关。

尽管认识到代议制有如此多的缺点，人们仍不想放弃它，而主张对其加以改造，改造的途径则集中于直接民权、职业民主、地方自治等。

**废都裁兵**　都督是汉代以来沿用的军事官名。辛亥革命后，各省军政长官都以都督相称。1916 年袁世凯死后，都督改为都军。在整个北洋政府时期，都督或都军有着掌管地方军事民事的一切权力。由于这一职务多由将军担任，这些武人利用手中的武器——兵，割据称雄，阻碍民主，扰害百姓，形成军阀控制地方的局面。

1919 年初，陈独秀在《每周评论》发表政见，提出废除督军、裁减兵员两条主张。他指出：废督问题是“政治上国家存亡的重大问题”，都军制不废，“无论中央地方，无论南北都是武人世界。一切政治法律，无非是些空谈”。

他批评当时的“军民分治”意见，认为，民国制度下本无“军治”存在的理由。地方行政有了军治，便没有省长民治的独立自主。因此，不仅督军要废，各省的巡阅使、护军使、镇守使也应一同裁撤。都军制度废除后，军队统归中央陆军部管辖。已裁都军不可改为省长，以免换汤不换药。至于兵，本是用于国防战争的，但中国的兵一是数量太多，二是缺少教育，不但不能用于国防，反而扰乱地方秩序，浪费百姓血汗，且成为军阀特殊势力扰国害民的工具，因此，必须全数裁去。

20 年代初，废督裁兵问题引起更多人的注意，许多学界、商界、政界名流，社会团体发表意见，许多报纸杂志发表文章，谈到这个问题。1920 年 9 月间还出现了以湖南学生联合会为首发起的声势浩大，波及全国的废督裁兵运动。

在众多的主张、宣言、议论、条陈中，除了谈到废督裁兵的重要性外，还提出了一些具体办法。如有人提出实施“军官国有”、“兵卒民有”的“新军制”，以达到“督不废而自废，兵不裁而自裁”的目的。所谓军官国有是说将军官的任用纳入中央法律范围。所谓兵卒民有，是实行一种“兵役义务制”，对现有的督兵，先安置军官，然后化兵为农。

有人提出一种“工兵计划”，主张把裁兵与发展实业、国防军建设联系起来考虑，军人或退伍后一律改为工人，或以原有编制收回武器，给以工具，到公路、铁路、水利、军工部门工作。

又有人提出以征兵制代替旧军制，即废都之后，全国划分若干军区，长官三年调换一次；常备兵平时不超过20个师；裁兵工作由裁兵委员会统一领导进行。

还有人提出，裁兵须统一制定法规，筹备经费，中央派人监督，省议会省长与政府所派裁兵监督协商具体问题，学工商界还可以运用罢课、罢工、罢市和不纳税等方式督促裁兵。

此外，还有人提出“筑路养兵”、“裁兵造林”等方案。

废督裁兵思潮和运动反映了知识分子和各界有识之士消除军阀残暴统治，实现和平安定生活的愿望。但这种做法无异于要求掌握政权的军阀打破自己的饭碗，这当然是实现不了的一厢情愿。

**马克思主义** 1919年5月，北京《晨报》副刊开辟了马克思学说专栏。同一期间，《新青年》杂志编辑了“马克思主义专号”。此后，在其他一些进步报刊上也陆续出现传播、介绍马克思主义的文字。这一新的学说伴随着人们刚刚从北方俄国革命中发现的新国家、新观念、新希望，愈来愈强烈地吸引一部分进步知识分子和青年学生。李大钊、陈独秀、蔡和森、毛泽东等先后成为马克思主义者。1921年7月，在共产国际和苏俄代表的帮助下，中国共产党正式成立。从此，在中国出现了一个以马克思主义为指导，以在中国建设社会主义、共产主义为目标的新型政党。

中国早期马克思主义者在传播马克思主义的过程中，逐步开始运用马克思列宁主义观点观察社会问题，提出与资产阶级、小资产阶级各派代表人物不同的政治观点。他们反对胡适宣扬的实用主义改良政治观，主张对社会实行根本改造；反对无政府主义的空想主张，提出在阶级对抗的社会中，无产阶级只有用革命手段打破资产阶级的国家，夺取政权，建立无产阶级专政，加强纪律，统一领导，发展生产，逐步实现理想的社会生活。他们也反对基尔特社会主义者的见解，认为社会主义代替资本主义已是世界各国发展的必然趋势，只有马克思指出的社会主义革命和建设之路，才是中国摆脱外来侵略、压迫和贫困落后的唯一道路。

1921 年 7 月，中国共产党第一次全国代表大会通过了中国共产党的第一个纲领，其中规定“以无产阶级革命军队推翻资产阶级，由劳动阶级重建国家，直至消灭阶级差别”；“采用无产阶级专政，以达到阶级斗争的目的——消灭阶级”；“废除资本私有制”，没收一切生产资料归社会所有，以苏维埃即工农兵代表大会形式组织民众，宣传共产主义，进行社会革命。这是中国共产党最早的政治纲领。它基本上是依据马克思主义理论和俄国革命模式规划了未来社会主义国家组织原则和为达成此目标的斗争手段。

1922 年 7 月，中国共产党第二次代表大会根据共产国际和列宁的指示，提出中国革命分作两步走和进行民主革命的纲领。会议指出，在当时世界范围内存在着资本帝国主义压迫无产阶级、宰割被压迫民族，同无产阶级联合被压迫民族反抗资本帝国主义两种对立的趋势。中国的割据、贫穷、落后是帝国主义的侵略政策造成的。中国的军阀是帝国主义的走狗，中国的统一与和平，非打倒帝国主义与军阀势力不能成功，因此，在中国要先进行反帝反军阀的民主主义革命，这是中国共产党的第一步工作。在这个阶段中，党的纲领是“消除内乱，打倒军阀，建设国内和平”；“推翻帝国主义的压迫，达到中华民族完全独立”，将统一的中国建设成为真正的民主共和国。此后才开始第二步的革命，即“组织无产阶级，用阶级斗争的手段，建立劳农专政的政治，铲除私有财产制度，渐次达到一个共产主义的社会”。遵循这个民主革命纲领，中国共产党党员以个人身份加入了国民党，实现了第一次国共合作，掀起了20年代轰轰烈烈的国民革命运动。

# 四　走向新中国

从五四运动到20年代初期，以要求民主为显著特征的政治思想的活跃，酝酿了1924～1927年轰轰烈烈的国民革命运动。领导这场革命的是国共合作的国民党，其核心领袖人物是中国民主革命先行者孙中山。孙中山顺应历史潮流，欢迎与俄国苏维埃政府及中国共产党合作，重新改组国民党，在1924年1月召开的改组后国民党第一次代表大会上重新解释了三民主义，决心建立一个非资产阶级专政的真正民主国家。但是尽管他对三民主义的重新解释同共产党人的民主革命纲领相接近，他毕竟不是一个无产阶级革命家。他的联俄联共政策和他对马克思主义的批评及他作出的苏维埃制度不适合于中国的论断有着无法克服的矛盾之处。在他逝世后，国民党内不同派别展开了激烈斗争，终于导致国共合作的破裂。其后20余年间的中国政治舞台上，出现了国共两党和介于两党之间的党派三种政治势力和三种政治思想的角逐和竞争。

## 1　专制独裁

1925年3月19日上午，一代伟人孙中山的灵柩，在悲惋的哀乐声中，由警卫队、乐队、军队、团体代表护送，从北京协和医院移送故宫西侧的中央公园。国民党要人分成三组，轮流抬送灵柩。在第二组抬柩人中有两位为人熟知的人物：共产党创始人之一，当时为国民党中央执行委员的李大钊和国民党的理论家、时为中执委常委的戴季陶。

戴季陶，名传贤，字选堂，号天仇。原籍浙江，出生于四川省一个商人家庭，年纪与李大钊相仿。早年亦留学日本，1911 年加入同盟会，辛亥革命后跟随孙中山。五四运动期间他参与创办被称为《每周评论》姊妹刊的《星期评论》，亦曾研究马克思主义，介绍社会主义思想，宣传妇女、劳工解放。为此，陈独秀酝酿组织上海共产党小组时还约请戴季陶参加。但戴季陶研究马克思主义不是为了信仰，而是为了反对真正的马克思主义，他不仅辞谢了陈独秀的约请，而且一度反对国共合作。孙中山逝世后不久，他即写成《孙文主义的哲学基础》、《国民革命与中国国民党》，提出了国民党右派共同的反共理论和发展独裁专制思想的“戴季陶主义”。

戴季陶从阐述孙中山思想的哲学基础入手，说孙中山是中国几千年正统思想的继承者，他的思想是继承中国古代先圣尧舜以至孔孟而中绝的仁义道德思想，即以“诚挚”的心灵，循“智仁勇”三种道德原则，从民族、民权、民生三方面入手，用革命的手段，贯彻合乎人类共存真义的“天下为公”的“社会连带责任主义”。

他认为三民主义是孙中山全部学说的“本体”，民生主义是三民主义的“本体”。民生主义在目的上和性质上与共产主义完全相同，二者都要解决民生问题，又都是“以全世界为实行主义的对象”。但二者的哲学基础和方法完全不同，共产主义以马克思主义唯物史观为理论基础，民生主义以中国固有的伦理哲学和政治哲学思想为基础；共产主义“以无产阶级直接的革命行动为实行方法”，主张用“阶级专政”打破阶级，民生主义主张以国民革命的形式，运用国家权力，实行“革命专政”，以各阶级的革命势力，阻止阶级势力的扩大，逐渐消灭阶级。相比较而言，三民主义比共产主义更博大、深刻。

他批评共产主义以阶级斗争为革命唯一手段的做法，说阶级的对立是社会的病态，而不是常态，在阶级斗争之外，更有统一的革命原则，即仁爱的原则。他认为，中国社会仅有“不很清楚的两阶级对立”，因此，不能采取两阶级对立的革命方式。当时中国革命与反革命的对立“是觉悟者与不觉悟者的对立，不是阶级的对立”，所以要以人类生来具有的仁爱本性促起全体人民互助友爱的觉悟，而不是促起一个阶级的觉悟。

他说孙中山主张的国民革命，一方面是要治者阶级的人“觉悟了”为被治者阶级的利益来革命，资本阶级的人“觉悟了”为劳动阶级的利益来革命，地主阶级的人“觉悟了”为农民阶级的利益来革命；另一方面是被治者阶级、劳动阶级、农民阶级也起来为自己的利益革命。总之，各阶级的人要抛弃自己的阶级性，恢复其国民性，用传统的“仁爱”理性结合起各阶级合作的民族团体，排除破坏各阶级平等合作的势力，发扬光大传统文化，建设富强的民族国家，反抗外来侵略，不断改善人民生活。这是国民革命的真义，也是三民主义要达到的目的。

戴季陶从人类求生存的欲望中导出独占性和排他性原理。他说：“生存是人类原始的目的，同时也是人类终结的目的。”求生的冲动引导着生存的欲望。由于人类有强弱贤愚不同，欲望有程度和种类的差异性，但任何欲望都具有独占性和排他性，同时具有统一性和支配性。“因为要独占，所以要排他；因为要统一，所以要支配。”独占性是统一的基础，排他性是支配的基础。这种独占性和排他性不仅适用于个人，而且适用于团体，适用于主义。

运用这一理论，戴季陶进而指出发挥国民党组织的独占性和排他性的必要。他说：“要图中华民国的生存，先要图中国国民党的生存，一定要充分发挥三民主义的中国国民党之生存欲望所必须具备的独占性，排他性，统一性，支配性”。

他说：国民党人应该牢记的是信仰三民主义，一定要信仰孙中山的三民主义。“中国国民党是三民主义的政党，无论是何种派别的思想者，一定要有了信仰三民主义的觉悟和决心”，才可以做“真正忠实”的国民党员。因为“共信不立、互信不生，互信不生、团结不固”。就是说如果没有三民主义这一共信，国民党内各派就不能产生互相信任，国民党就不能成为团结坚固的政党。

他说共产党员、共青团员加入国民党，实行的是一种“寄生政策”，是一种高妙的齐天大圣对付牛魔王的策略。共产党人“心里想的是共产革命，手上做的是国民革命”，“不把国民革命当作真实目的，不把三民主义认作正常的道理，只借中国国民党的驱壳，发展他自己的组织”，在国民党这个大团体内发挥小团体的“组织力和排他性”，使国民党成为一个“无从整理”的畸形团体。他说：其实，共产主义只是不合时代需要的“空想”。共产党人应该“把三民主义认为惟一理论，把国民党认为惟一救国的政党”，“诚心诚意牺牲了自己的空想，脱离一切党派，做单纯的国民党党员”，或者退出国民党，另组织一个“工党”。总之三民主义才适合于中国，国民革命成功后至少 50 年中，中国政治应该完全掌握在信奉三民主义的人手中，建起三民主义的民国。

概括起来说，戴季陶主义实际有两个要点：一是用三民主义的民生史观反对马克思主义的唯物史观，以传统仁爱学说反对阶级斗争学说，以各阶级联合进行的国民革命反对共产党人的无产阶级革命理想。二是强调共产党人和国民党人在主义、政治理想方面的不同使这两个团体不会有相同的“共信”。根据团体的独占性和排他性原则，国民党必须排斥共产党，必须独占革命后的成果，成为“革命专政”国家政权的主人。这样，尽管他没有明确提出放弃“联俄、联共”

政策，他的主张必然导出国共两党应明确各自的主义而分道扬镳，“忠实的”国民党员应把“心怀二意”的共产党员清除出国民党的结论。另一方面，尽管他仍旧宣传孙中山的“扶助农工”政策和直接民权、普遍选举、五权宪法的全民政治思想，但其逻辑的推演必将导致一党专政，不仅排斥代表广大工农利益的共产党，而且也将排斥代表民族资产阶级和小资产阶级利益的那些中间政党派别。蒋介石的独裁专制主义就是在戴季陶主义的基础上发展起来的。

蒋介石，浙江奉化人，生于1887年，名中正。“中正”、“介石”二词源自《易经》，意思是乐而不极，忧而不过，“以中正自守，其介如石”，从而心安意静、慎思明辨、功业有成。据说这一名一字是他读书时由塾师所起，成年后开始行用。大抵因为他幼时过于顽皮，稍长又暴戾偏激，欲以“中正”、“介石”警策自己。

蒋介石幼年丧父，随寡母生活，不无艰辛，又值晚清救亡思潮激荡，遂立志学习军事以救国。在日本留学期间，日本军队的武士道精神和训练方式给他留下极深印象，对他日后专制思想的形成产生影响。

1914年以后蒋介石开始追随孙中山，20年代国共合作时期，先后担任了黄埔军校校长、国民革命军总司令等职。1927年4月12日，他在上海发动“清党”事变，第一个以武力实践了戴季陶排斥共产党人的主张。

南京国民党政府成立后，蒋介石先后担任了军事委员会委员长、中央政治会议主席、行政院院长和国民政府主席等职，集国民党和国民政府大权于一身。

30年代初，蒋介石为首的国民党政府面临着日本侵略，国民党内部派系争斗和中国共产党领导的土地革命蓬勃兴起的复杂局面。他把共产党视为最主要的威胁，把建立国民党一党专政的独裁政权看做摆脱困境的办法，逐渐形成了一套文化、哲学、政治原则，及其与统治方式相联系的独裁专制思想体系。

在文化方面，蒋介石继承戴季陶主义，也把孙中山的三民主义和儒家传统文化糅合到一起。他十分推崇“四书”中的《大学》。

《大学》本为孔子学生曾子所作，表达儒家对人生目标及达其目标途径的看法。《大学》中列有所谓儒者立世为人的“三纲领”、“八条目”。“三纲领”说：“大学之道在明明德，在新民，在止于至善。”“八条目”说，要想达到至善目标必须做到“格物，致知，诚意，正心，修身，齐家，治国，平天下”。

蒋介石说，革命之学就是“大学”，革命之道就是“大学之道”，孙中山的三民主义哲学就是“大学之道”。他说：“明明德”是说要光大人生下来就有的德性，就是确定人生观。“新民”就是唤起民众，复兴民族，使民众生活能够向上，民族地位能够平等。“止于至善”就是要达到善的极端，即人本着向上的、利他的冲动“自觉觉他”，仁民爱物，成己成人。

他说孙中山的学说起于衣食住行之微，极于大同之治，与三纲领八条目的要求正相符合。三民主义就是“明德”、“新民”、“至善”的道理，信仰和实行三民主义就是“止于至善”。

在他看来，复兴民族文化，宣传儒家传统，也就是宣传执行三民主义，实行三民主义也就必然要恢复中国的传统文化道德。这样，三民主义和传统文化在蒋介石那里便成了相一致的东西。

从这一认识出发，蒋介石把传统文化与政治密切联系起来，说“国家是一个有生命的超于一切的集体组织，它的全部机构，就是一个严密的生命体，每个国民就是构成这个生命的一个细胞”。国有国魂，中国的国魂就是中国“全民族历史文化之传统的根本精神”，就是“礼义廉耻”所谓“四维”和“忠孝仁爱信义和平”所谓“八德”。

他又说，政治以人为本，反映的是人与人之间的关系。人际关系的准则就是仁，仁即是人道、人性。因此，政治应该由个人对家庭、社会和国家完满负责做起，人人做到“忠孝仁爱信义和平”，做到“智、仁、勇”。为政之道，在于由内而外，由亲及疏”，即所谓“亲亲而仁民”，“齐家而后国治”。要人人做到“八德”，必须从“礼义廉耻”开始。“礼”讲恭敬和气，孝亲尊长；“义”讲急公忘私；“廉”讲重操守，尚节约；“耻”讲知羞恶，求上进。可以说，“四维不张，国家必亡”。

在哲学方面，蒋介石把孙中山的“知难行易”学说和明末儒者王阳明的“知行合一”与“致良知”说糅合起来，宣扬一种“力行哲学”。

孙中山的“知难行易”说的是：人们要想求得对每件事物较为透彻的“知”是很难的，但顺着生活的要求去做某件事，或遵循已被别人提出的某种准则去做，则是容易的。他的这一思想是有感于国人受千百年来习惯的“知易行难”说法影响，不肯努力去实现革命理想的状况而发的。

王阳明的“知行合一”和“致良知”说的是人们的认识和行为从根本上讲是一致的，认识的本身就包含了行为，有了行为也就表明有了认识。人是生来就具有“良知”的，但这种“良知”常被私心或欲望蒙蔽，须常破除蒙蔽，以达“良知”复萌。

蒋介石说，孙中山和王阳明的知行学说在作用方面一样，都是“注重在动的方面，而且统是注重在行的哲学”。他说，致和在于力行，行即是实现良知，“古今来宇宙之间，只有一个行字才能创造一切”。这个“行”和通常说的“动”不同，在广义上，思维和言论也包含在行的范围内，是行的过程。因此，行即是人生，人生自少至老，没有一天可以离开行。行的本质却是善，是自发的，顺乎天理，应乎人情的；是有目的、有轨道、有步调、有系统，有“反之于心而安”的自觉的。行是人本性的表现，人本性善良，各具良知良能，其表现就是行。这种行小而言之可以满足自己的生存欲望，充实自身生活内容；推而广之，就是要为家族、乡里，为社会、国家，为全人类作贡献。

行的目的是“行仁”，仁是本乎大公，出乎至诚的，因此，行仁必须本于“诚”。人生的诚就像电子的热，电子无热不能发出电力、电光，人生无诚便不能达到行仁的目的。诚是行的原动力，有了诚就只知有公，不知有私，只知一心不乱地去行仁，与此相应，他一边说知“唯有从力行中去求”，“不行不能知”，应该从力行中去求“真知”，一边又强调笃信，说“力行”是从“能知必能行，不知亦能行”的认识出发的。一般的“后知后觉”者除了基本的革命大意外，所知道的实在有限，因此，应该笃信孙中山的学说，因为孙中山已经把一切革命方略，进行程序详细订好了，别人“只须按照方略，依着实行”就是了。

这样，蒋介石的力行哲学实际上只是让人们以至诚之心照他所解释的三民主义去做罢了。

在政治原则上，蒋介石及其党徒创造了一个主义、一个政党、一个领袖的三个“一”理论（抗战时期又加上“一个政府”）。

一个主义就是三民主义。蒋介石说，三民主义是孙中山由民生哲学出发，观察中国和世界问题创造的“最完美又最切实”的主义，体现了人类社会中的情、法、理的结合。他说，感情、法纪、理性是维系人类生存进化缺一不可的东西，三民主义的民族主义重民族团结，体现了人类感情中最值得重视的民族感情，民权主义实行全民政治，体现了人类组织中最良好的法纪，民生主义调和社会上大多数人民的利益，体现了人类最合理的方式。中国要在 20 世纪世界上谋生存，必须确定三民主义为“惟一的思想，再不许有第二个思想”。

一个党指的就是国民党。蒋介石说，政党是实行主义的团体，国民党是实行三民主义的政党。中国要实行“以党治国”，就是以国民党治国。在国家没有巩固，三民主义没有实现之前，不能允许其他党和主义分得政权，也不允许第二个政党来攻击国民党。

一个领袖指的就是蒋介石自己，他曾说：“党员的精神，党员的信仰要集中，党的权力以及党的责任也要集中，党员所有的一切都要交给党的领袖。”

蒋介石的党徒陈诚说，领袖不是代表个人，而是代表国家、民族，代表国民党。有领袖，国家才能完成统一，才能抵抗外侮、复兴民族；有领袖，“革命才有固定的重心，主义才有显明的标志”。因此，人人都应该真诚地服从领袖。中国的领袖就是蒋介石，他是“国家的最高统帅”、“国民党的总裁”、“统一的元勋”、“复兴民族的首领”，是“革命集团的重心与三民主义直接继承者”。服从领袖就是服从蒋介石。要把服从领袖作为“革命党员当然之天职，不能附带任何条件或任何企图”。“凡国家社会一切组织、团体甚至任何个人，都应该贡献一切，做领袖达成其代表的使命”。要做领袖的忠实信徒，“始终如一，亦步亦趋，决不容徘徊犹豫或自作聪明”。要牺牲个人以服从领袖，“把自己的精神、智慧、自由，甚至生命，忠实的贡献于领袖，鞠躬尽瘁，终身许之”。

把蒋介石作为国民党的化身，三民主义的化身，中华民族的化身；把服从蒋介石说到这种地步，这种服从和奴隶对奴隶主的服从，臣民对皇帝的服从没有什么两样了。

在统治方式上，以蒋介石为首的国民政府实行一党专制，领袖独裁。

1928 年 7 月，国民党政府宣告“军政时期”结束、“训政时期”开始。在其后中央常务会议通过的训政纲领中规定：训政时期由国民党全国代表大会领导国民行使政权。大会闭会期间把“政权”托付给国民党中央执行委员会，由国民党训练国民逐渐行使选举、罢免、创制、复决四项直接民权。而行政、立法、司法、考试、监察五项治权则“付托于国民政府总揽而执行之”。国民党中央政治会议有权指导监督“国民政府重大国务之施行”。

1929 年国民党第三次全国代表大会通过的文件又规定：国民党对中华民国的政权、治权“独负全责”。国民党的最高权力机关“于必要时得就于人民之集会结社言论出版等自由权在法律范围加以限制”。中国人民必须服从拥护国民党，誓行三民主义，“始得享受中华民国国民之权利”。

同一时期成立的国民政府委员、主席、五院院长均由国民党中常会推出。身为国民党中央常委委员、中央军事委员会主席和政治委员会主席兼中央组织部部长的蒋介石担任了国民政府主席兼海陆空军总司令。

这样，在国家高层机构中便形成了国民党一党包办，蒋介石个人独裁的制度。

自 30 年代开始，国民党政府先在“剿匪区”，后又在全国各地以“地方自治”名义推行“保甲”制度：县被划为若干区，按十户为甲、十甲为保的原则设立保甲组织，实行“管教养卫”的规定。

“管”是清查户口，监视居民言行，实行各户互相监视，一户犯罪，株连各户的“连坐法”，并依据“规约”，要求人民承担各种义务。

“教”是进行反对共产党的教育和国民党“党化”教育。

“养”是摊派各种苛捐杂税，以供国民党政府及地方公务人员之需。

“卫”是组织地方民团，分区分期集训，搜捕共产党人或反政府者，组织壮丁队承担修筑碉堡、公路等事务，并负责为国民党军队输送兵员。

这样就使名义上的地方自治成了国民党政府控制下统治人民的工具。

除此之外，蒋介石为了加强对国民党内部及对整个社会的控制，还建立了庞大的特务组织，这个组织分为两个系统：一是“国民党中央调查统计局”，简称“中统”，主要活动范围是国民党中央及各省市党政机关、文教部门以至于经济机构。另一个是“军事委员会调查统计局”，简称“军统”，活动范围起初集中于军事部门，后来也扩展到其他方面。

从中央及全国的一党专制到地方的保甲制，借助于伸展到各领域各部门的特务组织形成一整套专制政治系统，体现了蒋介石融文化、哲学、政治原则、统治方式为一体的专制独裁思想。尽管蒋介石本人在一度宣扬过法西斯主义最适合于中国国情之后，又曾批评过法西斯主义，尽管他一直宣称自己是忠实履行孙中山的三民主义，但他的统治思想与措施和法西斯主义没有什么两样，不同的只是披上三民主义外衣，注入了中国传统文化精神而已。

## 2 人民民主

1922年中国共产党第二次代表大会提出了“建立真正民主共和国”的口号。按照共产党人的解释，这个“真正民主共和国”是由工人、农民、小资产阶级和民主党派联合掌握政权的国家。它除了实现独立和统一之外，要“保证工人和农民，无论男女”，在各级议会“有无限制的选举权”及言论、出版、集会、结社、罢工的“绝对自由”权，并制定保护工人、农民、妇女的法律。这个真正民主共和国就是共产党从事民主革命所要达到的目标。在20年代国民革命中，为了实现这一目标，中国共产党人不仅加入到国民党内从事发动群众，支持北伐，开展工农运动的斗争，而且对于民主革命的很多理论问题做了积极的探讨，初步提出了中国革命应当分作民主革命和社会主义革命两步走；无产阶级在民主革命中应该担负起领导责任，共产党人应该建立包括工人、农民、小资产阶级和民族资产阶级在内的统一战线；应该把三万万中国农民看成革命运动中的“最大要素”，要打倒土豪劣绅、不法地主，建立农村革命政权和农民武装等一系列思想。

1927年国共分裂后，中共中央提出要在武装起义中建立“工农苏维埃”政权的方针。这个工农苏维埃是基于对资产阶级和小资产阶级追随或依附国民党右派的分析提出来的，因此实质上是排除资产阶级和小资产阶级，由无产阶级领导的“工农民权独裁性质的政权”。

1931年11月，在江西瑞金召开第一次全国工农兵代表大会宣告中华苏维埃共和国临时中央政府成立。1934年1月，第二次全国苏维埃代表大会通过了修正的“宪法大纲”。根据这个“宪法大纲”和其他有关文件的规定，“工农苏维埃”具有工农民主共和国的性质，它的任务在于消灭一切封建残余，赶走外来侵略势力，统一中国，有系统地限制资本主义的发展，进行国家经济建设，以工人阶级为领导阶级，团结广大贫农，逐步转变到无产阶级专政。这个国家的政权“属于工人、农民、红军士兵及一切劳苦民众”，而军阀、官僚、地主、豪绅、资本家、富农、僧侣及一切剥削人的反革命分子“没有选举代表参加政权和政治上自由的权利”。国家的最高政权是全国工农兵会议的大会。大会闭幕期间，全国苏维埃执行委员会为最高政权机关。中央执委会下设人民委员会，处理日常政务，发布法令和议决案。中央下设省、县、区、乡苏维埃代表大会及其执行委员会。这些政权组织及政策原则反映了中共党人的工农民主思想，也成为后来“工人阶级领导的，以工农联盟为基础”的国家理论的参考图本。

中共党人对于民主革命理论的初步探索和建立“工农苏维埃”政权的思想实践为中国共产党新民主主义理论的提出准备了经验材料。根据这些材料，成熟时期中国共产党的杰出领袖毛泽东完整地阐述了这一理论。

1893年生于湖南省湘潭县韶山冲一户富裕农家的毛泽东，在中国社会大变动时期度过了青少年时代。他熟读《水浒》、《西游记》一类古典小说；崇拜过维新改革家康有为、梁启超，民主革命家孙中山，新文化运动领袖陈独秀、胡适；在北京大学图书馆李大钊手下做过管理员。在席卷全国的五四运动中，他创办的《湘江评论》受到新文化名人的高度评价。

1921年毛泽东参加中国共产党第一次全国代表大会，不久后以他先前发起的新民学会为基础在湖南省发展了大批党员。他也参加了1924年国共合作后召开的国民党全国第一次代表大会，当选为中央执行委员会候补委员。

五四运动后毛泽东在全国第一次工人运动高潮中领导过长沙各业手工工人罢工斗争，国民革命军北伐期间，他对湖南的农民运动作过大量调查工作。

对农民的熟悉和对理论与实践相结合的重视，使毛泽东在分析中国社会阶级，认识农民问题方面很早就提出卓越见解。国共分裂后，他率先提出“须知政权是靠枪杆子打出来”。此后他领导红军开辟了井冈山革命根据地，提出工农割据，武装夺取政权和走农村包围城市革命道路的理论。他以自己杰出的政治、军事才能赢得同志的信赖，1935 年在红军长征途中召开的遵义会议之后，毛泽东逐渐成为中国共产党的核心领袖。

毛泽东对新民主主义理论的阐发集中体现在他 1939 年到 1940 年写作的《〈共产党人〉发刊词》、《中国革命和中国共产党》、《新民主主义论》等著作中，这一理论的内容可大体分为两部分：

第一部分，关于中国革命一系列问题的看法。

关于中国革命的原因。毛泽东指出：中国革命发生在半殖民地半封建的中国社会，这个社会有着自己的特点，即封建时代自给自足的自然经济基础被破坏了，但封建制度的根基——地主阶级对农民的剥削依然存在，并同买办资本和高利贷资本剥削结合了起来；民族资本主义有了某些发展，但其本身的力量十分薄弱；皇帝贵族专制被推翻了，代之而起的是地主与军阀、官僚、大资产阶级联盟的新的专制；帝国主义操纵了中国的财政、经济命脉和政治、军事力量；中国长期不统一；人民受到帝国主义、封建主义双重压迫，既无政治权利又无生活保障。所有这些特点都是外国帝国主义和国内封建主义相结合造成的。“帝国主义和中华民族的矛盾，封建主义和人民大众的矛盾”是近代中国社会的主要矛盾。这一主要矛盾构成了中国革命发生发展的基本原因。

革命的目的要解决矛盾，排除压迫，因此，中国革命的对象便是帝国主义和封建主义。革命的任务就是对外推翻帝国主义压迫，对内推翻封建地主压迫。

由于帝国主义和封建势力的强大，使得中国革命必然表现为长期的武装斗争形式，因此，中国革命必须走建立农村根据地，以农村包围城市的道路。

同时革命的领导者有必要认清革命的基本力量。在当时的中国社会各阶级中，地主阶级作为阶级是革命的对象，但由于民族矛盾的发生，他们当中下层许多人还有抗日的积极性。资产阶级分为带买办性的大资产阶级和民族资产阶级，前者是革命的对象，但由于他们的利益分别和不同的帝国主义国家相联系，其中部分人也有抗日愿望。民族资产阶级是带两重性的阶级，一方面他们受帝国主义、封建主义压迫，有反帝反封建的愿望，可以作为革命的力量。另一方面他们自身的软弱和对帝国主义、封建主义的某种依附，又使他们缺乏革命的彻底性。小资产阶级受到帝国主义、封建主义和大资产阶级的压迫，日益破产没落，有比民族资产阶级更强烈的革命性，“是无产阶级的可靠同盟者”。农民中间的富农在反帝斗争中可能站在革命者一边，在反对地主的土地革命中也可能保持中立。中农可以成为无产阶级的可靠同盟者，是重要的革命动力的一部分。而占人口70%以上的贫下中农则“是中国革命的最广大的动力，是无产阶级天然的和最可靠的同盟军”。

无产阶级由其自身的特点所决定，是中国革命最基本的动力；是中国革命的领导阶级。无产阶级面对强大的敌人，要想领导革命取得胜利，必须“团结一切可能的革命的阶级和阶层，组织革命的统一战线”。

中国共产党，作为无产阶级的先锋队组织，是领导革命成功的重要关键。党的建设、武装斗争和统一战线是中国革命取胜的“三大法宝”。

关于革命的性质，毛泽东指出：中国社会的性质及中国革命对象、任务、动力等因素决定了中国当时的革命不是无产阶级社会主义的革命，而是资产阶级民主主义的革命。但是这个资产阶级民主主义革命已经不是旧式的，而是新式的。这是因为第一次世界大战和俄国革命改变了整个世界历史的方向，划分了世界历史的时代。从那时起，殖民地半殖民地人民的革命斗争得到社会主义苏联和各资本主义国家无产阶级的支持，同时因为它反对帝国主义、国际资本主义压迫，它便不为帝国主义所允许，而为其反对，因而不再属于旧的世界资产阶级民主主义范畴，而是新的无产阶级社会主义世界革命的一部分。同时，这种革命已经不是由资产阶级领导的，以建立资本主义社会和资产阶级专政国家为目的的革命，而是由无产阶级领导的，以在第一阶段上建立新民主主义社会和各革命阶级联合专政的国家为目的的革命了。

在中国，由于五四运动以来工人阶级已经成为革命的领导者，同时民族资产阶级由于其自身的软弱而不能领导革命，因此，中国新民主主义革命的进程从五四运动便开始了。这种新民主主义革命是由无产阶级领导的，人民大众的，反对帝国主义和封建主义的革命，它的前途是社会主义。这是因为，中国的新民主主义革命发生在社会主义高涨、资本主义低落的国际环境中，革命扫除资本主义发展的障碍后，一方面会有资本主义因素的发展，另一方面有社会主义因素的发展。无产阶级和中国共产党在全国政治势力对比中力量的增长，中共领导的民主共和国国营经济和劳动人民合作经济的发展，加上有利的国际环境会使中国资产阶级革命极可能避免资本主义前途，实现社会主义前途。

对于中国无产阶级政党中国共产党来说，她肩负着领导现阶段民主革命和未来阶段社会主义革命的双重任务。共产党人要认识到新民主主义革命和社会主义革命是两个性质完全不同的革命过程，“只有完成了前一个革命过程，才有可能去完成后一个革命过程”，“民主主义革命是社会主义革命的必要准备，社会主义革命是民主主义革命的必然趋势”。

第二部分，关于新民主主义革命的纲领暨新民主主义社会结构的设想。

毛泽东指出，新民主主义革命要建立的新民主主义共和国，是新民主主义政治、经济、文化的统一。

新民主主义革命要达到的政治目标是建立一个“无产阶级领导下的一切反帝反封建的人们联合专政”的国家政权。在这个国家里实行“一切革命的阶级对于反革命汉奸们的专政”，因此，除反革命分子和汉奸之外的国民都享有政治权利。这个政权在政体上采取“民主集中制”形式，具体说就是设立从全国人民代表大会到省、县、区、乡人民代表大会的系统，实行由各级代表大会选举政府的制度，实行男女、信仰、财产、教育等各方面“真正普遍平等的选举制”。

新民主主义的经济纲领是没收属于帝国主义和官僚买办的大银行、大工业、大商业归新民主主义的国家所有，建立在无产阶级领导下的属于社会主义性质的国营经济，使其成为整个国民经济的领导力量。没收地主的土地，分配给无地少地的农民，实行耕者有其田和节制资本的政策。允许“不能操纵国计民生的资本主义经济发展，允许富农存在”。

新民主主义的文化是共产主义思想指导下的民族的、科学的、大众的文化。民族的即是反对帝国主义压迫，主张中华民族的尊严和独立的。它与别的民族的社会主义文化和新民主主义文化建立互相吸收、互相发展的关系，而非与任何帝国主义反动文化相联系，它的形式是民族的，内容是新民主主义的。科学的即是反对一切封建思想和迷信思想，主张实事求是、客观真理，理论与实践相结合。大众的亦即是民主的，即是“为全民族百分之九十五以上的工农劳苦民众服务的，并逐渐成为他们的文化”。

总之，“新民主主义的政治，新民主主义的经济和新民主主义的文化相结合，这就是新民主主义共和国”。

毛泽东的新民主主义革命理论建基于马克思主义唯物史观、阶级斗争学说和唯物辩证法，是把马克思主义运用于中国革命实际创建的一套系统理论。它的核心是由共产党领导工农民众，团结其他阶级的革命力量，打败帝国主义的侵略，推翻封建主义压迫，建立人民民主专政的国家。它反映了近代以来，特别是五四运动以来中国社会进步政治思想发展的趋势。加上中国共产党内部团结及其路线方针的有效实施，中共的新民主主义革命理论的影响，随着中共领导的人民力量的成长壮大而不断扩大，其理论本身也得到不断发展。

## 3 中间道路

20年代中期到40年代末期，在国共两党之外，还先后出现了其他若干党派（以及有影响的非党派人士）提出的政治思想。如果说国民党的专制独裁思想代表的是大地主大资产阶级的要求，共产党的人民民主思想代表的是工农民众的要求的话，那么，这些国共两党之外的党派则大多代表了民族资产阶级或小资产阶级的要求。他们选择的是一条介于国共之间的政治道路。他们当中出现较早，延续时间较长的，是中国青年党及其宣传的“国家主义”。

1923年12月2日，在法国巴黎郊区玫瑰村共和街的一间欧式小楼里，十几个中国留学生秘密举行了中国青年党结党式。随后，他们以中国国家主义青年团的名义发表了为在中国实现“国家主义”而奋斗的宣言。他们之中几位骨干曾琦、李璜等都是五四时期国内著名社团少年中国学会的成员。不久，曾、李回国，和另外几位五四新文化运动中的活跃人物左舜生、余家菊、陈启天创办了《醒狮》周报，取唤醒东亚沉睡雄狮之意，宣传国家主义的纲领，同时在全国十余个省市发展组织，一度产生了颇大影响。

中国青年党宣传的国家主义思想大体可以归结为三句话：国家主义精神、全民政治纲领，“外抗强权，内除国贼”主张。

所谓国家主义精神是指“以国家利益为前提”的“爱国卫国”精神。

国家主义派认为：国家起源于人心的“自然作用”和人性的要求。人在生活中有物质、精神两方面要求，在物质上求食，求性欲满足，求抵抗自然界、生物界的敌人，因此，有“合群”的需要。在精神上喜欢群居的交流，不愿过孤立寂寞的生活，亦有爱好合群的天然心理。国家就是在这两方面因素的“驱迫”下自然产生的。但是国家主义观念并不是和国家同时产生，而是作为反对异族侵略的反映，出现于近代。国家主义最初的核心内容是“国性”。“国性”也就是国家的人格。由于每个国家种族、地理、文化、信仰不同，使每一个国家国民的生活志趣和状态不同于其他国家，从而形成了不同的生活范式。在每种生活范式中，小己的情感意志与大群的情感意志是相联系的，由此形成“国家的意识”和“国民的灵魂”。国家意识以同类意识为基础，即“觉通国之人皆与我为同类，而于异国之人皆觉其非我族类也”；以主权意识为特征，即认识到自己的国家应独立于世界之上，具有完整的主权。“国民的灵魂”亦便是国家的灵魂，也就是同一国家，同一民族长期共同生活形成的同一制度、文物、文化、信仰凝聚起来的民族精神。简单地说，国家是全民共同托命的团体，是保种卫群的最善的制度，是人们“精神的家庭”和“共同的意志”所在，因此，国家是至高无上的，它的存在无须他人承认，其权力不受他人限制。一切团体个人只是在国家的承认之下，才可以享有权利。“个人的道德责任，在牺牲一切，拥护国家”，“尽忠于国家”。国家主义的目的在于认识、保持、发扬、捍卫民族精神，其原则在于努力“恢复或表现国家的人格”，“振起或团结国民的精神”，“发展或丰富国民的生计”，其具体目标是“安内攘外”。

从合群需要的国家起源观念和情感志趣相系的社会联系观点出发，国家主义派引申出全民革命、全民政治的思想。他们认为近代中国不存在阶级分化和对抗，更应反对阶级斗争，而应促进阶级合作。在“强邻思逞，国贼专横”的时代，应当进行“全民革命”以“共抗恶魔”。这个全民革命就是在“强权与国贼”两重压迫下的全体中国人民联合起来，用暴力手段去反抗“恶势力”的革命。革命之后应该建立“全民政治”的民主国家。这种政治不是“独夫或一阶级的专制”，而是“全民共和”的政治，是“民意的统一”，“民意的联治”，它实行职业选举，民选总统议员，妇女参政，大企业国有，提高劳动者生活水平，实行全民教育等方针政策。

从“安内攘外”目标出发，他们接过了五四运动中“内除国贼，外抗强权”的口号。

他们曾举出军阀、官僚、政党、政客、滥绅、财阀、奸商、乡愿、教徒、流氓10种人，列入“国贼”范围。但实际上突出反对共产党。他们非难马克思的阶级斗争学说是“偏激的”，“不合逻辑的”，攻击说共产主义不符合中国社会“人生的欲求，环境的条件，社会的需要”。污蔑共产党“只讲策略，不讲手段，只讲物质，不承认精神”，“挑拨劳动阶级的感情”，是“国贼”，“内奸”、“洪水猛兽”。他们中有些人化名更姓，依附军阀，为其出谋划策；有的人支持国民党右派，鼓动其“用斩钉截铁的手段去淘汰共产分子”，“用武力铲除共产党”。

所谓“强权”，国家主义派认为“即外国以种种侵略种种压力附加于我们的国家，而使我们的国家无生存之可能的势力”。他们列举武力侵略、经济侵略、文化侵略、宗教侵略四种强权，但把苏联作为外抗强权的主要目标，说苏联是“赤色帝国主义”，它对中国的援助是因其“不得志于西方”而采取“东进政策”，把中国作为“共产主义之试验场”，将给中国带来灾难；中国指望苏联是“饮鸩止渴”，“引狼入室”。

从以上国家主义派的思想来看，他们虽主张全民民主，实际上却是共产主义思想和中国共产党的死敌，因此，遭到了共产党人的有力批判。同时他们也一度受到国民党政府查禁。1934年以后，中国青年党改变策略，以不发表反对国民党的言论为条件，换取了国民党的承认。抗日战争期间，中国青年党中的一些人追随汪精卫投降日本。抗日战争后，青年党最初和其他中间党派一起立于国共之外发表政见，后来则参加国民党政府，成为蒋介石独裁统治的帮凶。

20 年代末期在国家主义派公开以中国青年党名义进行活动前后，由国民党中一部分左派人物和国共分裂后脱离共产党的部分人组成了一个新的政党。这个政党成立时称作“中华革命党”，后又改称“中国国民党临时行动委员会”，由于它既反对蒋介石为首的国民党政府，又反对共产党，寻求两党之外的第三条道路，所以又被称为“第三党”。

第三党是以继承孙中山的遗志，彻底实行三民主义为职志的。该党初期主要领导人邓演达说：实现真正的三民主义，具体说是要肃清帝国主义在华势力，取消一切不平等条约，使中华民族完全解放，要使平民群众取得政权，实现社会主义。该党初期另一主要领导人谭平山起草的《中华革命党宣言草案》写道：中华革命党的指导思想是“站在劳动平民阶级的立场上，以实现民族平等、政治平等、经济平等的主义”。这个主义也就是“劳动平民阶级的三民主义”。

第三党对共产党和国民党政府都采取批判态度。他们认为共产党的苏维埃运动打击了农民的革命积极性，“引起工人农民的厌恶和城市小资产阶级的疾视”。中华革命党发表宣言时，尚表示愿意与中共合作，但指出“必须攻击”其左倾错误及“虚无主义的倾向”。而国民党临时行动委员会发表的宣言则进而认为中共“妨害民族解放和人民解放”，客观上是“帮助南京政府”，因此“要消灭中国共产党的势力”。不过，这种态度后来有所转变。

相比之下，第三党对国民党政府的攻击却持续时间长，并且更为激烈。他们认为国民党已经背叛了孙中山的三民主义，成了伪中央、伪政府，旧势力的化身，军阀和帝国主义的工具，民众的仇敌，是“新旧军阀豪绅买办政客贪官污吏卖国贼等一切反动势力的结晶”，因此，必须打倒。

第三党政治主张的核心是实行“平民革命”，“建立平民政权”。这个主张是基于他们对中国社会性质和各阶级状况的分析提出来的。他们认为当时的中国既不是封建社会，也不是资本主义社会，而是停留在“前资本主义时代”，是受封建势力和帝国主义势力支配的复杂社会。在这个社会中主要有三个阶级：地主与军阀“合二为一，或者互相兼任”的封建军阀地主阶级，由买办阶级地主阶级脱胎而来的资产阶级，劳动平民阶级。劳动平民阶级包括农民——尤其是佃农和雇农、新兴产业工人、手工业工人及小商人、青年学生。这个阶级占全国人口的80%，是革命的阶级，而军阀地主资产阶级则是革命的对象。

中国革命包括三个方面：其一，由工人、农民及一般被压迫民众组成“民族阶级”，实行推翻国际资本帝国主义经济侵略的“民族革命”；其二，“集中农村里所有的民主势力，尤其要以贫农为中心，实行扫荡作为新旧军阀统治经济基础的农村封建势力残余”的“土地革命”；其三，团结城市中“被掠夺阶级的力量”，进行消灭“诞生未久而已充满了反动性的封建资产阶级政治影响”的革命。中国革命的目标是解放中华民族，“建立以农工为中心的平民政权”、“运用国家的力量，进行国营及公营的大规模产业建设，防止资本主义的弊害，发展生产”，最终实现社会主义的社会。

由于第三党坚持反对国民党政府的主张，并曾策划武装起义，因而遭到蒋介石集团的镇压迫害。1931年8月，邓演达被捕并惨遭杀害。此后第三党组织名称屡有变动，1935年11月改名为“中华民族解放行动委员会”，1947年2月又改名为“中国农工民主党”。

1929年，正当第三党在国共两党之外打出第三种主张的旗帜之时，政治思想界出现了另一个亦以国共两党为抨击对象的派别：人权派。人权派以其宣传以“人权”为核心的民主思想得名，又因他们多在《新月》杂志上发表见解，也称“新月派”。这是一群“无组织，无纲领”而谈政治的文化人，核心人物是胡适和先后留学美、英，于1928年回国的罗隆基。由于他们大多有留学外国的经历，对西方国家自由主义政治抱有好感，因而对20年代末期建立起来的国民党政府的专制独裁倾向十分不满。1929年4月，国民党政府为了标榜民主自由，虚伪地发布了一项训政期间保障人权的命令。这道命令为人权派倡导人权自由，批判国民党政府压制人权提供了机会。

人权派的口号或基本主张大体有四个：

**“保障人权”**　这是人权派基本的政治主张和要求。罗隆基说：“人权破产是中国目前不可掩盖的事实”，“努力起来争回人权，已为中国立志做人的人的决心”。

他解释人权的意义说：人权就是“做人的权”，“就是做人的那些必要的条件”。首先，人要维持生命，因此谋取衣、食、住的权利便是人权。其次，人要维持生命，还需身体安全，因此，身体安全的保障，便是人权。除了生命、安全外，还要发展各人的人格、人性，因此，成就“至善之我”便是人权。个人的生活离不开人群社会，因此，将我之善贡献给人群，成就人群的“至善”，达到最大多数享受最大幸福目的所需的必要条件就是人权。

简单说，人权就是实现“维护生命”、“发展个性，培养人格”，“达到人群的最大多数的最大幸福”目的的条件。

罗隆基认为，人权是靠国家和法律来保障的，“国家的功用就在保障人权”。人民对国家的服从是以国家保障人权为条件的，国家不能保障人权，它的功用便丧失了，人民对国家服从的义务也就终止了。法律是为保障人权而产生的，是人权的产物。“只有人民自己制定的法律，人民才有服从的责任。”法律的目的在谋最大多数的最大幸福，同时，法律“亦依赖人权的保障”。反抗压迫是一种“革命的人权”，是法律的保护者，是永远在人民手里的，赖以保护法律的重要权利。

**平民政治，专家治国**　罗隆基认为，世界上的政治制度可以大体分为两种，一种是独裁政治，一种是平民政治。平民政治的真意在于政权操诸国民全体，人民在平等的基础上或直接，或间接参与政治。

他认为这种平民政治最低需有两个条件：

一是要有代表民意的立法机关，因为只有这种机关能实行将“政权放到人民掌握中”的政治。这种机关的设立，要采取召开国民大会，普选议员，平等竞选等方式方法。在此过程中要特别限制武力、金钱及其他非法手段干涉选举。

二是要设立专门知识人才的吏治制度。因为20世纪以来，社会政治经济生活日益复杂，使政治、行政管理本身成为一门科学，必须由专家来承担。“只有专家政治才能挽救现在的中国。”

实行专家政治的具体做法是：采取公开的竞争的考试制度，科学的分级订薪制度、官吏退役养老金制度，官吏制度与教育制度相结合，等等。

概而言之，人权派的政治理想是：平民百姓以平等的选举权，实现自己对于国家的主权；政府官员和工作人员以符合标准的管理才能为条件，作为“全民的雇用人员”，在科学的政府管理体制中治理国家。

**实行宪法和法治**　人权派认为，宪法是“人民统治政府的法”，是实现人权民主的保障，因此，争人权的人，先争法治，争法治的人先争宪法。

胡适说：真要保障人权，确立法治的基础，“第一件事应该制造一个中华民国宪法”，“宪法的最大功用不但在于规定人民的权利，更重要的是规定政府各机关的权限……使他们不得侵犯人民的权利”。

至于法治，人权派认为其真义在于使执法者守法，缩小执政者特权；人民在法律面前一律平等；司法应当独立，无论何人，不经法定程序，不得被逮捕、检查、收押，不经正当法律判决，不得受任何惩罚。法律是人民公共意志的体现，未经全体人民直接或间接承认的法律不具法律效力，未经人民直接间接允许，任何人不得变更法律。实行宪政和法治意味着否定党治和人治。

人权派认为：以党治国和一党专制是与民主政治相矛盾的。党治制度下是“党衙门威福森严，党老爷气势煊赫”。一党专制之下，人民没有组织和言论的自由，没有监督指摘当局及党员的机会。其结果是专制者腐化，政治腐化，人民日趋叛离，因此改革政治的第一步，“要取消一党专制”。

**言论自由，思想自由**　人权派认为人是有思想的，既有思想就要表达，要表达思想就要说话。说自己想说的话，而不是别人要求他说的话，这是发展个性人格的途径。因此，思想自由，言论自由也是人权。另一方面，思想不可能统一，也没有必要统一。思想的特点是愈遭阻碍，流传愈远，“只有公开的发挥，比较的研究，平情的讨论，才能得到真理”。因此，应该实行绝对的、整个的思想言论自由。

言论自由的范围是“世界上无事不可言”、“无事不可论”。“只要言论者肯负言论的责任，他有什么言，尽可出什么言，有什么论，尽可出什么论”。他们要求政府放弃思想统治，要求青年不做信条的奴隶，而要做思想的主人。

在言论自由的口号下，人权派激烈地攻击蒋介石国民党政府的独裁政策，同时也攻击共产主义和中国共产党。他们指责国民党政府在政治上实行一党专制，无故拘禁监禁人民，造成“有冤莫白，举国狱啸，遍地鬼哭”的野蛮黑暗世界；在经济上依靠公债接济，典当度日，鸦片公卖，饮鸩止渴，造成城市工业凋敝，乡村田地荒芜，人民食宿、安全不如外国的猫狗、家畜。

在思想上，人权派指责孙中山建国大纲中有取消约法之治和根本不信任中国人民参政能力的错误，说孙中山的“知难行易”学说把知行分成两事，把行说成易事，有导致出现轻视学问，限制言论自由危险和轻视治国复杂性的倾向。

对于共产主义和共产党，人权派批评说马克思主义存在自相矛盾之处和许多可疑之点，“武断地虚构了一个共产主义的理想境界”。他们说，共产主义在中国不是经济上“共产”，而是政治上的夺权，是凭借流氓土匪来谋革命。他们还说，国民党以党治国，一党专政，实际上是从共产党的制度中学得的。在这一点上，两党是“一丘之貉”。

人权派表示对国共两党的政治“一视同仁，无所偏爱”。但又认为在当时的中国，无安全、无秩序、无和平，国共相持愈久，地方政治愈趋紊乱，终将造成亡国。鉴于“两恶相权取其轻”，他们“希望国民党剿共早日成功”。罗隆基为此对国民党提出建议：“解放思想，重自由不重统一；改革政治，以民治代替党治”。他说这两点如果做到了，“思想上青年有了归宿，政治上民怨有了平泄”，“政治可以上轨道，经济可以得发展”，共产学说在中国站不住脚，共产党便可以不剿自灭了。

人权派的主张从根本上说是要把中国导向西方自由主义政治之路。但他们的自由批评和无情揭露触到了国民党政府的痛处，因此，尽管他们在反对共产党问题上与国民党一致，仍遭到了后者的限制和压迫。胡适被戴上“污蔑总理，大逆不道，有反革命罪”的罪名，受到思想批判和行政惩处，被迫辞去上海中国公学校长职务。罗隆基被以“言论反动，侮辱总理”和“共产党嫌疑”为名加以拘留，又被下令撤免教授职务。人权派发起的人权宣传和人权运动持续了 3 年便被镇压下去了。

20 年代末到 30 年代初，由于“平民教育”和“村治”建设活动的推动，在河北、江苏、山东、河南、山西等省逐渐兴起了乡村建设的实验运动。指导这一运动的是被称为乡村建设派和平民教育派的知识分子，其中著名的人物是梁漱溟和晏阳初。

梁漱溟，字焕鼎，1893 年出生于一个官僚地主家庭。他的父亲梁济官至四品内阁中书，有革新思想，却忠实于清朝廷，于 1918 年 11 月投水殉清，引起舆论哗然。

梁漱溟本人早年亦有非凡的经历，他中学时性格行径便颇为古怪，总想做大伟人，18 岁参加同盟会，19 岁迷上“社会主义”，20 岁“归心佛法”，研习佛典。24 岁时，没有大学文凭的他进入北京大学担任讲师。

1921年在新文化运动如火如荼之时，梁漱溟发表了轰动知识界的《东西文化及其哲学》一书。在这部奠定其一生学术政治思想基础的著作中，他指出：世界文化可以大体分为西方、中国、印度三种类型或三种发展路向。西方文化以意欲向前要求为其根本精神；印度文化以意欲反身向后要求为其根本精神；中国文化以意欲自为调和持中为其根本精神。

他认为以孔子儒学为核心的中国文化将是未来世界文化发展的方向。这种对文化形态的特殊观察，成为他救国治国政治主张的出发点。他认为中国社会是一个“伦理本位和职业分立的社会”，没有阶级对立和生产工具为少数人垄断的情况。士农工商各行其业，自行生产，以家庭作为社会组织的骨干，以家庭情谊的宗法关系代替个人同国家的隶属关系，人们彼此互相尊重。这和西方个人本位的社会根本不同。又由于中国人向来生活要求不高，知识能力简单低陋，中国交通不发达，工商业不发达，因此，不仅欧洲近代民主政治之路在中国走不通，而且中国人与近代西方政治制度“怕是两个永远不曾相联属的东西”。中国人不得不别求其政治途径。同时，一方面中国缺乏社会主义革命的阶级基础，产业工人少，且不愿意革命；农民贫富地位转换快，散漫不成阶级，且内地乡村社会“锢蔽”，传统观念习惯太深，消极忍耐性强。这些“不可救药的缺憾”使工农很难成为革命的力量。另一方面，革命的对象应该是“秩序”和其后的“最高的权力”。军阀是人，不是“秩序”，不能成为革命的对象，而帝国主义与中国的关系是“国际间关系”，帝国主义也不是革命真正的对象。所以，“俄国共产党发明的路”也走不通。那么，中国的出路在哪里呢？

梁漱溟说，中国的社会以农村为基础，为主体，中国政治、经济问题的解决都必走乡村建设之路。乡村建设消极地说是农村自救；从积极方面说，它是中国社会建设即振兴农业以引发工业的需要。不仅如此，乡村建设还是一种“新组织构造”的运动。这个新组织就是他设计的“政教富卫合一”制度，即以乡村学校兼行政治领导职权，形成县政府—乡学—村学的自治机关系统。乡村学校的学长为“一村一乡之师”，负有“抚爱后生，调和大众”，监督理事、教员之责。乡学在政治上负责管理乡中事务；在教育上，以传统伦理道德和现代科学技术引导启迪农民；在经济上，负责倡导、组织各种合作社，推广优良作物品种，以使农民逐渐摆脱贫困；在治安上协助组织民团武装，平时据以自卫，战时“为国家之后盾”。

梁漱溟认为，他的“新社会”结构是伦理本位合作组织而不落于个人本位社会本位的两极端，既不是资本主义社会，也不是共产主义社会。所谓伦理本位“就是确定互相关系之理，互以对方为重，团体与分子之间得一均衡”，所谓合作组织即是使社会与个人之间得一调和，他认为他这个方案克服了国共两党“各站两极端”的缺点，是最完善的建设方案。

晏阳初早年曾留学美国，1917 年在法国华工中提倡平民教育，1923 年在北京发起中华平民教育促进会，是平民教育运动的主要倡导者，并为此奔走一生，成为驰名世界的人物。

晏阳初的平民教育理论根源于他的“教育是立国的基础”的认识。他认为当时中国的大患是“愚、贫、弱、私”。多数中国人愚到目不识丁，贫到在生与死的夹缝中挣扎，弱到将生死存亡一概付之天命，私到不能团结合作。这四个字是中国人，特别是中国农民生活中的四种基本缺点。救中国必先医此四大病患，而医治的根本方法在教育。他认为教育的功效是“造人”，如果使中国人，尤其是农民“人人都富有知识力，生产力，强健力与团结力”，成为“能自养自卫自立”的人，那么中华民族便可以复兴。因此，他主张在各省、市、县都要设立平民教育会，开办平民学校，“以文字教育为基点，以农村建设为目标”，针对愚、贫、弱、私四个问题开展文艺、生计、卫生、公民四种教育，实行学校、社会、家庭三种教育结合的方式，同时进行文化、经济、卫生、政权四种建设。

晏阳初在实验自己主张的过程中，还提出一种县政建设思想，即将学术和政治打成一片，使二者融会交流，“政治用学术为根据”，“学术用政治为凭借”，实现学术政治化，政治学校化。

梁、晏的乡村建设和平民教育主张及其在一些省区的实验，对于推进那些地方农村的教育、普及科学知识起过一定作用。但把这项工作作为政治改革或救国建国出路的想法则过于天真了。

1941 年，鉴于国民党政府在国共之间不断制造摩擦事件，并对民主党派人士亦实行高压政策，给抗战、民主的前途蒙上阴影，一部分中间党派和无党派民主人士成立了中国民主政团同盟（1944 年 9 月更名为中国民主同盟）。原国家社会党的张君劢、张东荪、罗隆基，第三党的章伯钧、青年党的左舜生、李璜、曾琦，救国会的沈钧儒，中华职业教育社的黄炎培、乡村建设派的梁漱溟、无党派人士张澜、张申府等都成为该同盟的骨干。这使民盟成为国共两党之外最大的党派组织。

民盟成立之初，针对抗战的形势提出统一、民主、团结的主张和“政治民主化，军队国家化”的口号。1945 年 8 月 15 日，在抗战胜利之际，民盟发表了《在抗战胜利中的紧急呼吁书》，进一步提出民主、统一、和平建国的口号和召开国民大会，颁布宪法等十项基本主张。10 月，民盟召开了临时全国代表大会，通过了民盟纲领、政治报告和宣言，集中阐述了此期民盟的政治观点。

民盟认为：第二次世界大战是民主主义反抗法西斯主义的战争。民主阵线的胜利预示战后的世界决不容许非民主的国家存在，中国也必须成为一个民主国家。然而中国内战的危险并未消除，因而没有统一、和平，更谈不上民主。统一、和平、民主三者是建国过程中缺一不可的要素，三者之间又是互为因果的，其中民主尤为迫切需要。民主可以促成统一与和平，民主的统一与和平才是真正的统一，永久的和平。因此，他们认定：“当前唯一的责任是实现中国的民主”，把中国建成一个“十足地道”的民主国家。

民盟大会的政治报告指出：民主是一种政治制度，同时是人类生活的一种方式，是人类做人的一种道理”。这种道理认定“人是目的”，社会上一切政治经济组织只是人类达到做人目的的工具。“人人有了自由平等这些权利，人人做了自己的主人，人人能够达到做人的目的，使人人得到最大的发展，这就是民主。在一个社会里，人人做人，人人做自己的主人，一切政治经济的组织都成了这个目标的工具，这就是民主。”这种道理运用到政治上，便是承认人民是国家的主人，人民组织国家的唯一目的，只在谋求全体人民的福利。因此，如果一个国家的政权被一个人或一部分人独占，经济被一个人或一部分人独享，这就不是民主。民主的政治经济必定是全体人民的政治经济。检验真假民主的唯一尺度是：人民是否有机会做人，人人是不是自己的主人，人民是不是国家的主人。

民盟大会的报告还认为：民主的意义和民主的制度都是随时代的发展而进步的。中国应该总结各先进国家的经验，吸收其长处，免除其缺点，结合中国的历史、国情，建立中国的民主制度。具体说，英国和美国的议会政治有很多好的东西值得借鉴，同时也有一些缺点，这缺点不是由制度本身引起的，而是由于其社会经济制度缺乏调整造成的。调整社会经济制度，把政治的自由平等扩展到经济上的自由平等，这就是“经济的民主”。在这方面苏联的经验值得借鉴。因此，中国的民主应该“拿苏联的经济民主来充实英美的政治民主”，拿各种民主生活中最优良的传统及其可能发展的趋势，来创造一种“进化的进步的民主”。

民盟认为：召开政治会议，建立联合政府，举行国民大会是中国当时面临的三大问题。他们希望政治会议能够奠定中国和平、团结、统一的基础，认真解决国家的具体问题，并且开成一个公开的会议；联合政府应该成为实现军队国家化，彻底消弭内战，平息党争的枢轴；国民大会必须是经人民普选产生的代表聚集在一起的代表真正民意的机关，而不是任何党派包办操纵的机关。国民大会的召开应是党治统治的结束。

上述主张明确表示了民盟要在国共两党之间选择第三条道路的立场，正如民盟郑重声明的那样：它是“一个具有独立性与中立性”，即有自己独立的政纲、政策和自主行动，在两党之间保持不偏不倚，以把中国建成“十足地道”民主国家的“民主大集团”。可以说，民盟是40年代在中国政治发展方向上选择“中间道路”的中间党派的典型代表。

与国共两党不同，选择中间道路的党派和个人大都没有以政权、武装为基础的强大政治势力作为后盾，因此，他们的政见似乎注定没有实现的可能，但他们丰富的政治思想给后人留下了值得重视的宝贵遗产。

## 4 三分归一

1946年到1949年是近代中国百多年动荡变乱的最

后几年，历史在这几年中上演了一幕幕错综复杂又辉煌壮观的活剧。

抗日战争胜利后，欢欣鼓舞的人们切望国家的和平、统一、安定；冷静深沉的智者却在关注着国家未来的前途。1945 年 8 ~9 月间重庆的报纸刊出国共两党谈判的消息及蒋介石与毛泽东合影的照片；10 月 10 日国共两党签订了“双十协定”；1946 年 1 月 10 日旨在商讨建国大计的政治协商会议正式召开。然而这一切并未改变当时业已形成的国民党、共产党和中间党派三种不同建国目标和三条不同政治路线的对立和矛盾。

中国共产党于 1945 年 4 月抗战胜利前夕召开第七次代表大会。毛泽东在会上代表中共中央作题为《论联合政府》的报告。在这个报告中毛泽东回顾中国抗战的历史，指出在抗战中存在的两条路线和中国未来发展的两个前途，阐述了中国共产党的一般纲领和具体纲领。这个一般纲领就是中国新民主主义的纲领，即在打败日本侵略者后，“建立一个以全国绝大多数人民为基础而在工人阶级领导之下的统一战线的民主联盟的国家制度”，即新民主主义国家制度。具体纲领则是针对夺取抗战胜利，实行民主改革，反对国民党政府破坏团结阻碍民主的形势而提出来的，其首要内容是取消国民党一党专政，建立一个“包括一切抗日党派和无党派的代表人物在内的举国一致的民主的联合的临时的中央政府”。毛泽东指出，在新民主主义革命中，中共的一般纲领是不会改变的。这也就是说具体的纲领是为一般的纲领服务的，中共的最终目标仍是建立无产阶级领导的新民主主义共和国。

抗战胜利后，由于国共谈判的进行，中共一度提出了“和平、民主、团结”的口号。在国共两党“谈判纪要”即“双十协定”中，中共与国民党就“以和平、民主、团结、统一为基础”，“在蒋主席领导之下，长期合作，坚决避免内战，建立民主、自由和富强的新中国，彻底实行三民主义”；以政治民主化，军队国家化及党派平等合法，“为达到和平建国必由之途径”；迅速结束训政，实施宪政，由国民政府召开政治协商会议，“讨论建国方案及召开国民大会各项问题”等达成协议。但在军队和解放区问题上，国民党拒不承认中共领导下军队和解放区的合法地位。中共则提出应合理整编军队，同意将陇海铁路以南八省区部队撤至陇海线以北和苏北、皖北解放区。这种有限的让步和合理的建议均被国民党拒绝。

1946 年政治协商会议上，中共提出一项《和平建国纲领草案》，其中有关中央机构，国民大会部分的内容是：在结束训政筹备宪政过程中扩大现有国民政府的基础，改组为能够容纳全国各抗日民主党派及无党派民主人士参加的举国一致的临时的国民政府；各党派无党派民主分子应广泛参加国民政府的一切部门；多数党在政府主要职位中所占的名额，不得超过 1/3；改组后的政府应脱离国民党的领导；由改组后的国民政府负责同政治协商会议商定中国民主宪政草案及国民大会选举法，组织法；确立在当年内召开有各党派参加的自由的普选的国民大会；制定宪法，并依据宪法成立正式的民主联合的国民政府。

中共这些主张表明，在抗战后一段时间里，中共愿意与蒋介石为首的国民党政府合作，建立一个有无产阶级参加领导，而不是完全由无产阶级领导的民主联合政府。但这种主张以不单方面交出武装和解放区，并要求国民党放弃一党专政为条件。而恰恰在这几个问题上，国民党政府不肯作出让步。国共谈判的协定冠之以《政府与中共代表会谈纪要》的名义即反映出国民党并不是以平等态度对待共产党。中共提出的《和平建国纲领》也是经过反复争论并且被作了重要删改，才得以在政协会议上通过。

1945年以后，中间党派发生了新的组合，除民盟外，又先后有三民主义同志会、民主建国会、民主促进会、九三学社、中国致公党、中国国民党革命委员会、中国国民党民主促进会、台湾民主自治同盟等党派组织成立。第三党在1948年时改组为农工民主党，而中国青年党和民盟中原国家社会党人与海外民主宪政党合组的国家民主社会党亦以独立党派身份参加政治活动。

这些中间党派除青年党和国家民主社会党后来参加了国民党包办的国民大会及其产生的国民政府外，大多数党派和其他一些无党派民主人士一起，仍坚持在国共之间选择一条真正的民主之路。值得指出的是，他们尽管对英美式的民主政治仍抱有幻想，同时也明确提出应该正视和避免英美民主政治中的弊病，吸收苏联“经济民主”的经验，实质上也就是要建立一个真正普遍平等的，人民群众享有充分自由和政治权利的民主国家。

他们的这一思想倾向和国民党一党专政、党治独裁思想有更多的矛盾，而接近于中共的新民主主义思想，尤其接近于中共在抗战胜利后提出的建立各党派、各界民主人士参加的真正民主的联合政府的主张。因此，在政治协商会议上，他们在国共对立中更多地支持中共的主张，这就壮大了民主力量的声势。

面对抗战胜利后举国一致的和平民主要求，国民党政府也打出和平建国，实现民主的旗号，表示要尽快召开国民大会，实行宪政。但他们坚持认为：国民党的最高原则三民主义不能动摇，国民党政府的法统不容紊乱；国家统一是实行民主宪政的“唯一基础”；军令政令统一是国家“存亡所系的命脉”。而国家统一的前提是全国军队国家化。这也就是说，国民党政府决不放弃经戴季陶、蒋介石解释过的“三民主义”，决不放弃 1927 年国共分裂以来形成的国民党一党专制的政府基础。要在中共交出一切武装力量之后，由国民党按照自己的主义、法统，“延揽社会贤达与各党派人士参加政府”。这个政府实质上还是在不能放弃“革命责任”的国民党的控制之下，只是加上了其他党派点缀的专制政府。这表明国民党的专制独裁方针并没有改变。正因如此，国民党一面摆出和平建国姿态，蒋介石先后三次电邀毛泽东赴重庆共商国是，并有其后政治协商会议的召开；另一方面，却积极调兵遣将，准备内战。

1946 年 6 月，蒋介石命令军队向中共领导下的中原解放区大举进攻，早已在局部进行的国共冲突就此转变为全国性内战。在进攻共产党解放区的同时，蒋介石也加紧了对中间党派的拉拢、打击。接受诱惑的青年党和国家民主社会党成为其举行“国民大会”，成立坚持党治独裁政府的陪衬，而坚持民主立场的中国民主同盟则于 1947 年 10 月被宣布为“非法团体”，不得不解散。民盟的解散宣告了中间道路的破产，中国政治的前途最终将完全取决于国共双方战争的胜负了。

经过三年多的激烈战争，中共领导的人民解放军战胜了国民党政府的军队，为中共设计的新民主主义人民共和国的实现创造了条件。

1949 年 9 月 21 日，由中共倡导的新政治协商会议第一次全体会议在北京召开。这次会议通过了《中华人民共和国中央人民政府组织法》、《中国人民政治协商会议组织法》和《中华人民政治协商会议共同纲领》；选出了以毛泽东为主席的第一届中国人民政治协商会议全国委员会和中央人民政府。

在新中国成立之初起着宪法作用的“共同纲领”规定：中华人民共和国为新民主主义即人民民主主义的国家，实行工人阶级领导的，以工农联盟为基础的，团结各民主阶级和国内各民族的人民民主专政。反对帝国主义、封建主义和官僚资本主义，为中国的独立、民主、和平、统一和富强而奋斗。国家政权属于人民，人民行使国家政权的机关为各级人民代表大会和各级人民政府。各级人民代表大会由人民用普选方法产生之。国家最高政权机关是全国人民代表大会，在其闭幕期间，中央人民政府是行使国家政权的最高机关。各级政权机关一律实行民主集中制。

“共同纲领”规定的人民民主国家是中国近代百多年来无数仁人志士不断探索，不停追求的结果。它反映了近代中国由专制走向民主，由一般民主主义走向人民大众民主主义的政治思想发展趋向。

1949 年 10 月 1 日，北京天安门前举行了中华人民共和国开国大典。一个人民民主专政的新的国家诞生了。昔日帝王居住的巍峨挺立的紫禁城变成了人民共和国的象征，中国历史翻开了新的一页。

# 参考书目

1. 朱日耀主编《中国近代政治思想史》，长春，吉林大学出版社，1990。

2. 桑咸之、林翘翘编著《中国近代政治思想史》，北京，中国人民大学出版社，1986。

3. 熊月之著《中国近代民主思想史》，上海，上海人民出版社，1986。

4. 刘健清、李振亚主编《中国近现代政治思想史》，天津，南开大学出版社，1993。

5. 林茂生等主编《中国现代政治思想史》，哈尔滨，黑龙江人民出版社，1984。

6. 高军等主编《中国现代政治思想评要》，北京，华夏出版社，1990。

7. 王金铻、李子文著《中国现代政治思想史》，长春，吉林大学出版社，1991。

8. 陈旭麓主编《五四以来政派及其思想》，上海，上海人民出版社，1987。

9. 张枬、王忍之编《辛亥革命前十年间时论选集》1～3卷，北京，三联书店，1960、1963、1977。

10. 高军等主编《中国现代政治思想史资料选辑》（上、下），成都，四川人民出版社，1986。

## 《中国史话》总目录

| 系列名 | 序号 | 书名 | 作者 |
| --- | --- | --- | --- |
| 物质文明系列（10种） | 1 | 农业科技史话 | 李根蟠 |
| | 2 | 水利史话 | 郭松义 |
| | 3 | 蚕桑丝绸史话 | 刘克祥 |
| | 4 | 棉麻纺织史话 | 刘克祥 |
| | 5 | 火器史话 | 王育成 |
| | 6 | 造纸史话 | 张大伟　曹江红 |
| | 7 | 印刷史话 | 罗仲辉 |
| | 8 | 矿冶史话 | 唐际根 |
| | 9 | 医学史话 | 朱建平　黄　健 |
| | 10 | 计量史话 | 关增建 |
| 物化历史系列（28种） | 11 | 长江史话 | 卫家雄　华林甫 |
| | 12 | 黄河史话 | 辛德勇 |
| | 13 | 运河史话 | 付崇兰 |
| | 14 | 长城史话 | 叶小燕 |
| | 15 | 城市史话 | 付崇兰 |
| | 16 | 七大古都史话 | 李遇春　陈良伟 |
| | 17 | 民居建筑史话 | 白云翔 |
| | 18 | 宫殿建筑史话 | 杨鸿勋 |
| | 19 | 故宫史话 | 姜舜源 |
| | 20 | 园林史话 | 杨鸿勋 |
| | 21 | 圆明园史话 | 吴伯娅 |
| | 22 | 石窟寺史话 | 常　青 |
| | 23 | 古塔史话 | 刘祚臣 |
| | 24 | 寺观史话 | 陈可畏 |

| 系列名 | 序号 | 书名 | 作者 |
| --- | --- | --- | --- |
| 物化历史系列（28种） | 25 | 陵寝史话 | 刘庆柱　李毓芳 |
| | 26 | 敦煌史话 | 杨宝玉 |
| | 27 | 孔庙史话 | 曲英杰 |
| | 28 | 甲骨文史话 | 张利军 |
| | 29 | 金文史话 | 杜　勇　周宝宏 |
| | 30 | 石器史话 | 李宗山 |
| | 31 | 石刻史话 | 赵　超 |
| | 32 | 古玉史话 | 卢兆荫 |
| | 33 | 青铜器史话 | 曹淑芹　殷玮璋 |
| | 34 | 简牍史话 | 王子今　赵宠亮 |
| | 35 | 陶瓷史话 | 谢端琚　马文宽 |
| | 36 | 玻璃器史话 | 安家瑶 |
| | 37 | 家具史话 | 李宗山 |
| | 38 | 文房四宝史话 | 李雪梅　安久亮 |
| 制度、名物与史事沿革系列（20种） | 39 | 中国早期国家史话 | 王　和 |
| | 40 | 中华民族史话 | 陈琳国　陈　群 |
| | 41 | 官制史话 | 谢保成 |
| | 42 | 宰相史话 | 刘晖春 |
| | 43 | 监察史话 | 王　正 |
| | 44 | 科举史话 | 李尚英 |
| | 45 | 状元史话 | 宋元强 |
| | 46 | 学校史话 | 樊克政 |
| | 47 | 书院史话 | 樊克政 |
| | 48 | 赋役制度史话 | 徐东升 |

| 系列名 | 序号 | 书名 | 作者 |
| --- | --- | --- | --- |
| 制度、名物与史事沿革系列（20种） | 49 | 军制史话 | 刘昭祥　王晓卫 |
| | 50 | 兵器史话 | 杨　毅　杨　泓 |
| | 51 | 名战史话 | 黄朴民 |
| | 52 | 屯田史话 | 张印栋 |
| | 53 | 商业史话 | 吴　慧 |
| | 54 | 货币史话 | 刘精诚　李祖德 |
| | 55 | 宫廷政治史话 | 任士英 |
| | 56 | 变法史话 | 王子今 |
| | 57 | 和亲史话 | 宋　超 |
| | 58 | 海疆开发史话 | 安　京 |
| 交通与交流系列（13种） | 59 | 丝绸之路史话 | 孟凡人 |
| | 60 | 海上丝路史话 | 杜　瑜 |
| | 61 | 漕运史话 | 江太新　苏金玉 |
| | 62 | 驿道史话 | 王子今 |
| | 63 | 旅行史话 | 黄石林 |
| | 64 | 航海史话 | 王　杰　李宝民　王　莉 |
| | 65 | 交通工具史话 | 郑若葵 |
| | 66 | 中西交流史话 | 张国刚 |
| | 67 | 满汉文化交流史话 | 定宜庄 |
| | 68 | 汉藏文化交流史话 | 刘　忠 |
| | 69 | 蒙藏文化交流史话 | 丁守璞　杨恩洪 |
| | 70 | 中日文化交流史话 | 冯佐哲 |
| | 71 | 中国阿拉伯文化交流史话 | 宋　岘 |

| 系列名 | 序号 | 书名 | 作者 |
| --- | --- | --- | --- |
| 思想学术系列（21种） | 72 | 文明起源史话 | 杜金鹏　焦天龙 |
| | 73 | 汉字史话 | 郭小武 |
| | 74 | 天文学史话 | 冯　时 |
| | 75 | 地理学史话 | 杜　瑜 |
| | 76 | 儒家史话 | 孙开泰 |
| | 77 | 法家史话 | 孙开泰 |
| | 78 | 兵家史话 | 王晓卫 |
| | 79 | 玄学史话 | 张齐明 |
| | 80 | 道教史话 | 王　卡 |
| | 81 | 佛教史话 | 魏道儒 |
| | 82 | 中国基督教史话 | 王美秀 |
| | 83 | 民间信仰史话 | 侯　杰 |
| | 84 | 训诂学史话 | 周信炎 |
| | 85 | 帛书史话 | 陈松长 |
| | 86 | 四书五经史话 | 黄鸿春 |
| | 87 | 史学史话 | 谢保成 |
| | 88 | 哲学史话 | 谷　方 |
| | 89 | 方志史话 | 卫家雄 |
| | 90 | 考古学史话 | 朱乃诚 |
| | 91 | 物理学史话 | 王　冰 |
| | 92 | 地图史话 | 朱玲玲 |

| 系列名 | 序号 | 书名 | 作者 |
| --- | --- | --- | --- |
| 文学艺术系列（8种） | 93 | 书法史话 | 朱守道 |
| | 94 | 绘画史话 | 李福顺 |
| | 95 | 诗歌史话 | 陶文鹏 |
| | 96 | 散文史话 | 郑永晓 |
| | 97 | 音韵史话 | 张惠英 |
| | 98 | 戏曲史话 | 王卫民 |
| | 99 | 小说史话 | 周中明　吴家荣 |
| | 100 | 杂技史话 | 崔乐泉 |
| 社会风俗系列（13种） | 101 | 宗族史话 | 冯尔康　阎爱民 |
| | 102 | 家庭史话 | 张国刚 |
| | 103 | 婚姻史话 | 张　涛　项永琴 |
| | 104 | 礼俗史话 | 王贵民 |
| | 105 | 节俗史话 | 韩养民　郭兴文 |
| | 106 | 饮食史话 | 王仁湘 |
| | 107 | 饮茶史话 | 王仁湘　杨焕新 |
| | 108 | 饮酒史话 | 袁立泽 |
| | 109 | 服饰史话 | 赵连赏 |
| | 110 | 体育史话 | 崔乐泉 |
| | 111 | 养生史话 | 罗时铭 |
| | 112 | 收藏史话 | 李雪梅 |
| | 113 | 丧葬史话 | 张捷夫 |

| 系列名 | 序号 | 书名 | 作者 |
| --- | --- | --- | --- |
| 近代政治史系列（28种） | 114 | 鸦片战争史话 | 朱谐汉 |
| | 115 | 太平天国史话 | 张远鹏 |
| | 116 | 洋务运动史话 | 丁贤俊 |
| | 117 | 甲午战争史话 | 寇　伟 |
| | 118 | 戊戌维新运动史话 | 刘悦斌 |
| | 119 | 义和团史话 | 卞修跃 |
| | 120 | 辛亥革命史话 | 张海鹏　邓红洲 |
| | 121 | 五四运动史话 | 常丕军 |
| | 122 | 北洋政府史话 | 潘　荣　魏又行 |
| | 123 | 国民政府史话 | 郑则民 |
| | 124 | 十年内战史话 | 贾　维 |
| | 125 | 中华苏维埃史话 | 温　锐　刘　强 |
| | 126 | 西安事变史话 | 李义彬 |
| | 127 | 抗日战争史话 | 荣维木 |
| | 128 | 陕甘宁边区政府史话 | 刘东社　刘全娥 |
| | 129 | 解放战争史话 | 朱宗震　汪朝光 |
| | 130 | 革命根据地史话 | 马洪武　王明生 |
| | 131 | 中国人民解放军史话 | 荣维木 |
| | 132 | 宪政史话 | 徐辉琪　付建成 |
| | 133 | 工人运动史话 | 唐玉良　高爱娣 |
| | 134 | 农民运动史话 | 方之光　龚　云 |
| | 135 | 青年运动史话 | 郭贵儒 |
| | 136 | 妇女运动史话 | 刘　红　刘光永 |
| | 137 | 土地改革史话 | 董志凯　陈廷煊 |
| | 138 | 买办史话 | 潘君祥　顾柏荣 |
| | 139 | 四大家族史话 | 江绍贞 |
| | 140 | 汪伪政权史话 | 闻少华 |
| | 141 | 伪满洲国史话 | 齐福霖 |

| 系列名 | 序号 | 书名 | 作者 |
| --- | --- | --- | --- |
| 近代经济生活系列（17种） | 142 | 人口史话 | 姜　涛 |
| | 143 | 禁烟史话 | 王宏斌 |
| | 144 | 海关史话 | 陈霞飞　蔡渭洲 |
| | 145 | 铁路史话 | 龚　云 |
| | 146 | 矿业史话 | 纪　辛 |
| | 147 | 航运史话 | 张后铨 |
| | 148 | 邮政史话 | 修晓波 |
| | 149 | 金融史话 | 陈争平 |
| | 150 | 通货膨胀史话 | 郑起东 |
| | 151 | 外债史话 | 陈争平 |
| | 152 | 商会史话 | 虞和平 |
| | 153 | 农业改进史话 | 章　楷 |
| | 154 | 民族工业发展史话 | 徐建生 |
| | 155 | 灾荒史话 | 刘仰东　夏明方 |
| | 156 | 流民史话 | 池子华 |
| | 157 | 秘密社会史话 | 刘才赋 |
| | 158 | 旗人史话 | 刘小萌 |
| 近代中外关系系列（13种） | 159 | 西洋器物传入中国史话 | 隋元芬 |
| | 160 | 中外不平等条约史话 | 李育民 |
| | 161 | 开埠史话 | 杜　语 |
| | 162 | 教案史话 | 夏春涛 |
| | 163 | 中英关系史话 | 孙　庆 |

| 系列名 | 序号 | 书名 | 作者 |
| --- | --- | --- | --- |
| 近代中外关系系列（13种） | 164 | 中法关系史话 | 葛夫平 |
| | 165 | 中德关系史话 | 杜继东 |
| | 166 | 中日关系史话 | 王建朗 |
| | 167 | 中美关系史话 | 陶文钊 |
| | 168 | 中俄关系史话 | 薛衔天 |
| | 169 | 中苏关系史话 | 黄纪莲 |
| | 170 | 华侨史话 | 陈　民　任贵祥 |
| | 171 | 华工史话 | 董丛林 |
| 近代精神文化系列（18种） | 172 | 政治思想史话 | 朱志敏 |
| | 173 | 伦理道德史话 | 马　勇 |
| | 174 | 启蒙思潮史话 | 彭平一 |
| | 175 | 三民主义史话 | 贺　渊 |
| | 176 | 社会主义思潮史话 | 张　武　张艳国　喻承久 |
| | 177 | 无政府主义思潮史话 | 汤庭芬 |
| | 178 | 教育史话 | 朱从兵 |
| | 179 | 大学史话 | 金以林 |
| | 180 | 留学史话 | 刘志强　张学继 |
| | 181 | 法制史话 | 李　力 |
| | 182 | 报刊史话 | 李仲明 |
| | 183 | 出版史话 | 刘俐娜 |
| | 184 | 科学技术史话 | 姜　超 |

| 系列名 | 序号 | 书名 | 作者 |
| --- | --- | --- | --- |
| 近代精神文化系列（18种） | 185 | 翻译史话 | 王晓丹 |
| | 186 | 美术史话 | 龚产兴 |
| | 187 | 音乐史话 | 梁茂春 |
| | 188 | 电影史话 | 孙立峰 |
| | 189 | 话剧史话 | 梁淑安 |
| 近代区域文化系列（11种） | 190 | 北京史话 | 果鸿孝 |
| | 191 | 上海史话 | 马学强　宋钻友 |
| | 192 | 天津史话 | 罗澍伟 |
| | 193 | 广州史话 | 张　磊　张　苹 |
| | 194 | 武汉史话 | 皮明庥　郑自来 |
| | 195 | 重庆史话 | 隗瀛涛　沈松平 |
| | 196 | 新疆史话 | 王建民 |
| | 197 | 西藏史话 | 徐志民 |
| | 198 | 香港史话 | 刘蜀永 |
| | 199 | 澳门史话 | 邓开颂　陆晓敏　杨仁飞 |
| | 200 | 台湾史话 | 程朝云 |

# 《中国史话》主要编辑
# 出版发行人


**总 策 划**　谢寿光　王　正

**执行策划**　杨　群　徐思彦　宋月华
　　　　　　梁艳玲　刘晖春　张国春

**统　　筹**　黄　丹　宋淑洁

**设计总监**　孙元明

**市场推广**　蔡继辉　刘德顺　李丽丽

**责任印制**　岳　阳